ÉDOUARD FOURNIER

GUTENBERG

DRAME EN CINQ ACTES, EN VERS

REPRÉSENTÉ, POUR LA PREMIÈRE FOIS

À PARIS, SUR LE THÉATRE IMPÉRIAL DE L'ODÉON, LE 8 AVRIL 1869

PARIS

E. DENTU, LIBRAIRE-ÉDITEUR

PALAIS-ROYAL, 17 ET 19, GALERIE D'ORLÉANS

1869

GUTENBERG

PARIS. — IMP. SIMON RAÇON ET COMP., RUE D'ERFURTH, 1

ÉDOUARD FOURNIER

GUTENBERG

DRAME EN CINQ ACTES ET EN VERS

REPRÉSENTÉ, POUR LA PREMIÈRE FOIS
A PARIS, SUR LE THÉATRE IMPÉRIAL DE L'ODÉON, LE 8 AVRIL 1869

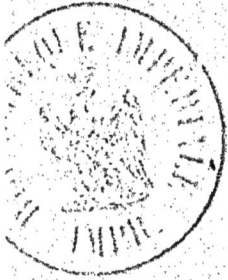

PARIS

E. DENTU, LIBRAIRE-ÉDITEUR

PALAIS-ROYAL, 17 ET 19, GALERIE D'ORLÉANS

1869

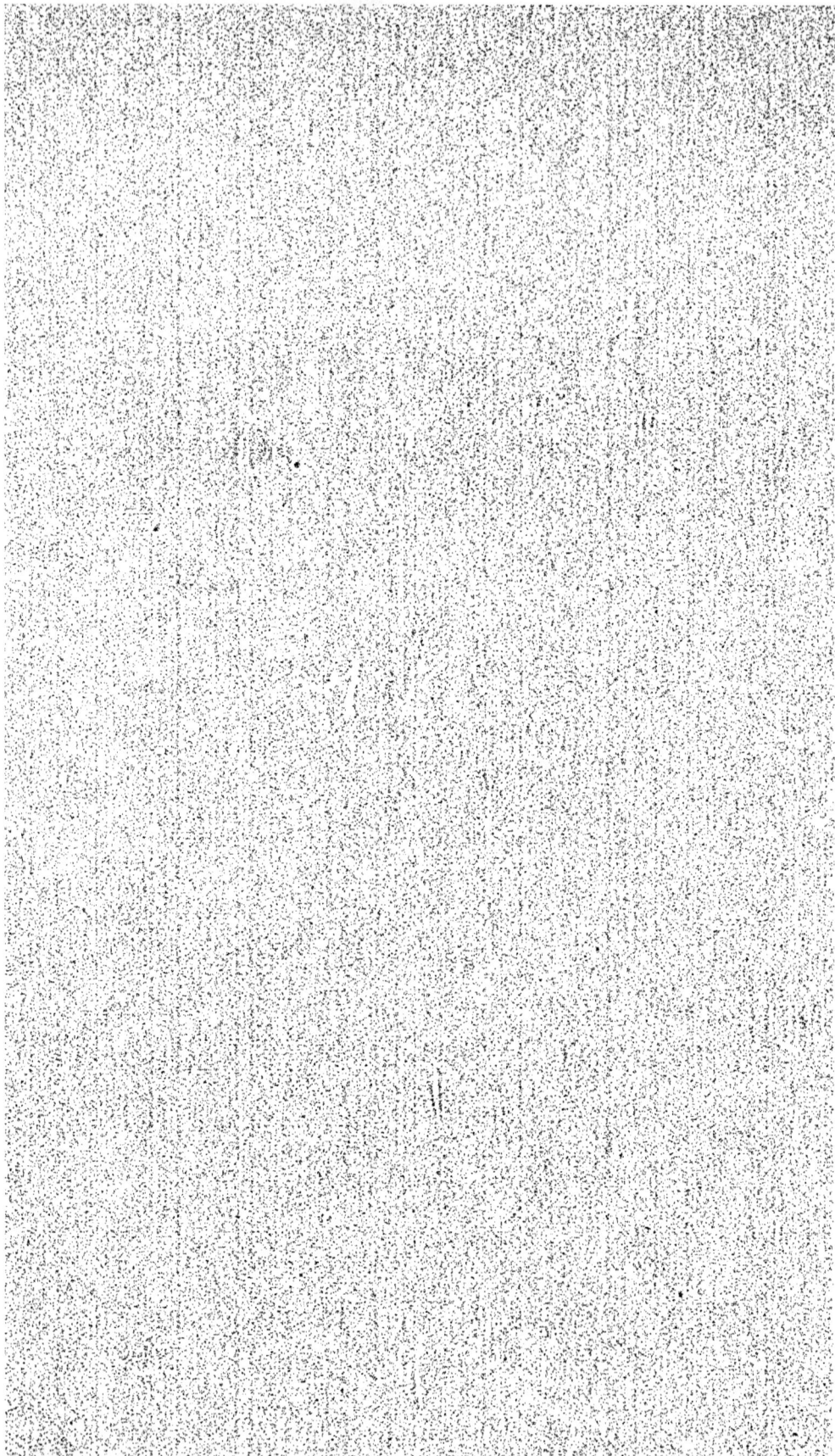

Nous sommes, quoi qu'on dise ou écrive, à une époque d'art sérieux, et surtout à une époque d'instruction. Jamais le désir de savoir n'a été poussé plus loin. Il se manifeste partout, et la science, de son côté, prend toutes les formes pour le satisfaire.

Pour être plus accessible, elle se fait plus familière : elle n'enseigne plus doctoralement, elle parle ; elle ne prêche plus son lecteur, elle cause avec lui. De là sont venus tant d'excellents livres à la bonhomie causeuse, moins écrits que parlés, d'où la science découle, comme d'une conversation d'encyclopédiste en belle humeur.

Ceux de H. Berthoud et ceux de Louis Figuier ont ouvert la route, et, les premiers en date, sont restés les premiers en talent. De leur forme alerte à celle du dialogue, il n'y a qu'un pas, et du dialogue au drame, il y a encore moins loin.

Madame Louis Figuier, qui est une romancière de valeur, ne pouvait vivre toujours auprès de tant de savoir sans que l'envie lui vînt d'en mettre une partie en roman, en légende ou en drame.

C'est cette dernière forme, si voisine, comme je l'ai dit, de celle dont se revêt la science agréablement parlée de M. Figuier, qu'elle adopta enfin, et parmi les *Grands Inventeurs*, dont son mari est l'habile historien, c'est *Gutenberg* qu'elle préféra.

Je ne lui en ferai pas reproche, puisque vers le même
temps, pris aussi du désir de vulgariser une grande vie par
le théâtre, j'eus la même préférence et m'évertuai labo-
rieusement à mettre en vers ce que sa plume facile dé-
coupait alertement en prose.

Son drame n'a pu jusqu'à présent être joué; le mien
vient de l'être, et le plus heureux des deux n'est pas celui
qu'on pense!

Le livre, a-t-on dit, me vengera, et comme le donnait à
penser, avec la bienveillance la plus spirituelle, M. Théo-
dore de Banville[1], Gutenberg aura ainsi inventé l'imprimerie pour que celui qui a rimé sa vie en drame, ait une
pleine revanche des brutalités du théâtre.

Puisse-il avoir dit vrai !

La pièce de madame Figuier s'est plutôt prise à l'inventeur qu'à l'invention. L'autre, la mienne, a fait tout
le contraire, et s'est créé par là de plus grandes, de plus
inextricables difficultés.

Le *Gutenberg* en prose reprend et prolonge dans le
drame la biographie, telle que les meilleurs chercheurs,
M. Figuier en tête, nous l'ont faite. Le roman s'y mêle à
peine par quelques incidents d'une fiction douce et toujours vraisemblable. Quant à l'histoire même du temps,
où la grande invention éclata comme un coup de foudre
dans un coup de soleil, elle n'y jette que d'imperceptibles
et prudents reflets.

Le *Gutenberg* en vers a voulu faire davantage, et c'est
peut-être ce qui l'a compromis.

L'homme y est plutôt mesuré d'après son temps, que
d'après sa vie; il y est taillé sur son invention géante, bien
plus que sur lui-même.

N'ayant à son service que la forme, toujours un peu
ténébreuse du vers, qui ne révèle jamais complétement

[1] *National* du 10 avril 1869.

ce qu'elle enveloppe, l'auteur l'a intrépidement, témérairement peut-être posé au milieu de son époque pleine de ténèbres.

C'est un rayon qui lutte avec toutes les ombres;

mais qui, au lieu de les dissiper toutes, s'en recouvre parfois lui-même, au point d'en être un peu éclipsé.

L'auteur s'était imposé tant de choses à manier, tant de détails à grouper dans un petit espace, tant de faits à lier en gerbe, qu'il peut avoir par instants oublié le nécessaire pour le superflu, et dérobé sous l'accessoire ce qui était l'important.

Trop gêné de ses mains, il a mal tenu la bougie, et n'a pas toujours éclairé ce qui aurait dû l'être le mieux.

Malgré tout, quand on prend la peine de regarder dans sa pénombre, il n'est rien, j'en réponds, qu'on n'y puisse distinguer. Pour peu qu'on écoute, on comprend : c'est malheureusement ce qu'on n'a pas fait le premier soir.

La connaissance de l'époque où le drame s'agite est aussi assez indispensable à sa compréhension, et l'auteur a peut-être trop compté en cela sur le savoir de ceux qui auraient dû l'écouter, puisqu'ils étaient venus pour l'entendre.

Son Gutenberg, complexe comme le temps où il vécut, a surpris par ses allures de patricien ouvrier, de chevalier artisan et d'alchimiste inventeur.

C'est pourtant ce qu'il fut.

Sa famille, celle des Genfleisch[1], comptait parmi les plus anciennes et des plus nobles de Mayence, et, comme l'a fort bien remarqué M. Léon de Laborde[2], une partie de l'originalité de Gutenberg vient justement de ce fait alors

---

[1] Ce nom signifie *chair d'oie*. Le grand homme ne perdit pas à prendre celui de sa mère, qu'il ne quitta plus : *Gutenberg*, qu'on prononce *Goutcnebergue*, veut dire *bonne montagne*.

[2] *Débuts de l'imprimerie à Strasbourg*, 1840. gr. in-8°, p. 54.

imprévu : l'alliance du savoir avec la noblesse, de l'aris-
tocratie avec le travail qui si longtemps impliqua une
dérogeance : « Cet oubli, dit-il, de la dignité des nobles
du moyen âge, qui dédaignaient les occupations scientifi-
ques ou manuelles, offre quelque chose d'exceptionnel
qui caractérise l'esprit inventif et sied au génie. »

Quand j'ai fait Gutenberg noble de naissance, inventeur
et ouvrier par vocation, j'avais donc l'histoire avec moi.

Je l'abandonnai un peu quand, par une déduction
tirée de la seule vraisemblance, je fis de lui un chevalier,
et l'attachai à l'association mystérieuse des Juges west-
phaliens, d'un côté, et de l'autre à l'une des fractions
de ce grand ordre Teutonique, qui, après avoir protégé
l'Allemagne contre les gens du Nord, finit par vouloir
s'approprier ce qu'il avait défendu.

Pour que mon personnage fût complet, et représentât
bien, en lui seul, toute l'Allemagne aristocratique et guer-
rière de son temps, il ne me fallait pas moins. Ai-je trop
forcé la vérité? peut être, mais je n'ai pas violé la vraisemblance.

Le titre de chevalier est formellement donné à Gutenberg dans une chronique française[1]. Selon quelques-uns,
il était originaire de Bohême[2], et par là, il entrait dans le
ressort des ordres Teutoniques, qui, mystérieux comme
celui des Templiers, avait, on le sait, une intimité cachée
avec les tribunaux secrets de la Sainte-Vehme, dont la
puissance sur toute l'Allemagne, et particulièrement à
Strasbourg, pendant le quinzième siècle, est assez connue[3].
Dans tout ceci donc, je serrais de près l'histoire, si je n'y

---

[1] *Mss. de la Biblioth. de l'Arsenal, sect. histor.*, n° 467, fol. 163.

[2] V. la curieuse brochure de M. Ch. de Winaricky, *Jean Gutenberg, né en
1412, à Kuttenberg, en Bohême*, 1847, in-12.

[3] V. l'excellent travail de M. Ch. Giraud, *Des Tribunaux secrets ou Veh-
miques*, lu dans la séance annuelle des cinq Académies, le 25 oct. 1849,
p. 53

étais en plein, mais je l'avais pour moi encore plus franchement, lorsque je faisais de Gutenberg un alchimiste.

Le grand œuvre était alors le rêve unique de tous ceux qui cherchaient, et Gutenberg cherchait toujours[1]. Nulle science n'était plus enviée de quiconque voulait apprendre.

On ne désirait savoir que pour avoir, aussi se jetait-on dans l'alchimie, qui, après ses épreuves, vous laissait plus pauvre de l'or désiré, mais plus riche aussi de la multiple science qu'on y avait glanée en passant, et comme malgré soi.

L'auteur d'une des plus excellentes études sur Gutenberg, M. Philarète Chasles, n'a eu garde d'oublier cette source première du savoir du grand inventeur. Il donne une place considérable au creuset d'alchimiste dans sa vie et dans ses études[2]. Or, le fait, sans importance pour tout autre chercheur du même temps, devient d'une curiosité singulière et presque providentielle dans la vie de Gutenberg. N'est-il pas curieux que celui qui devait créer l'art où le rejeunissement du monde était en germe, se fût jeté d'abord dans la science du grand œuvre, qui, vous le savez, promettait l'éternelle jeunesse en même temps que la richesse inépuisable, et vous disait, comme l'alchimiste de Béranger montrant sa fournaise :

> Le Pactole et Jouvence
> Dans ce creuset vont marier leurs eaux.

Gutenberg fut donc un chercheur d'or en son temps et à sa manière. J'ai voulu que sur le point de trouver l'or il

---

[1] V. L. de Laborde, *Origine de l'imprim. à Strasbourg*, p. 54. 55.

[2] « On croit en lui, dit M. Philarète Chasles, à propos de Gutenberg, on espère en lui, il a le grand arcane, il est *souffleur*, alchimiste et sorcier, » puis il ajoute, comme pressentant les scènes, où nous faisons harceler le maître par les juifs avides de son savoir : « C'est quelque chose de comique et que le dramaturge anglais Ben-Jonson a très-bien peint dans son alchimiste, que ce flot de bons bourgeois âpres au gain, se disputant d'avance l'or que fera le possesseur du précieux secret. » *Études sur les premiers temps du Christianisme et le moyen âge*, 1847, in-18, p. 392.

l'ait dédaigné pour chercher et découvrir mieux. Ai-je eu tort? L'histoire vient-elle me démentir? Je ne crois pas. M. Auguste Bernard dit positivement[1] « qu'à une heure donnée, il laissa de côté, pour ne s'occuper que de l'imprimerie, tous ses autres secrets. » Or nous venons de voir que la recherche du grand œuvre en était le plus envié.

Tout dans sa vie, comme dans celle des chercheurs, est, du reste, à la marque du désintéressement et de l'abnégation absolus. « Il n'était nullement soucieux de ses intérêts, » dit M. Didot en sa notice si curieusement étudiée[2]. L'esprit pratique lui manquait. Contemplatif, solitaire et rêveur, suivant M. Philarète Chasles et Vallet de Viriville[3], « il était, selon Auguste Bernard, beaucoup moins praticien que théoricien[4]. »

C'était l'inventeur idéal, trop perdu dans le rêve de son invention, et trop mal gardé par ses dédains de noble et sa probité d'honnête homme pour n'être pas bien vite la proie des spéculateurs qui guettaient déjà : *Pauvre maître!* fais-je dire à Pierre, son élève,

Pauvre maître, il ne peut admettre que l'on craigne,
Qu'on puisse être trompé par ce que l'on dédaigne,.....

Il le fut donc, mais sans en garder d'aigreur ni de rancune; sa fierté le gardait de ces bassesses. Elle fut telle, selon M. Philarète Chasles[5], que s'il n'attacha pas son nom à son œuvre et ne signa aucun des livres sortis de ses presses, ce fut par un dédain de cet orgueil négligent.

J'ai préféré y voir un effet de la modestie, cette fleur de l'abnégation et de l'oubli de soi-même, qui semblent lui avoir été si naturels.

[1] *Des origines et des débuts de l'imprimerie*, 1853, in-8, t. I, p. 155.
[2] *Biogr. générale*, art. Gutenberg.
[3] *Les inventeurs de l'imprimerie en Allemagne*, 1838, in-8, p. 4.
[4] *Des origines et des débuts de l'imprimerie*, t. I, p. 155.
[5] *Études sur le moyen âge*, p. 397.

Il y a du don Quichotte dans tout grand inventeur ; il y
en eut dans Gutenberg. M. Chasles l'a remarqué[1], et c'est
même à cela qu'on dut la vulgarisation rapide de l'art, qui
créé par lui, mais bientôt accaparé par d'autres, et mis
étroitement en charte privée comme œuvre secrète, y serait
sans doute resté bien longtemps, si, par un dernier effort,
il ne l'eût délivré de cette prison du monopole égoïste. Il ne
lui suffit pas d'avoir mis l'enfant au monde, il fallut encore qu'il brisât les langes dont d'autres mains, intéressées
à son immobilité, l'avaient aussitôt entouré et qu'il lui
dit : Marche ! « Liés par serment réciproque, dit M. Paul
Lacroix, à propos des ouvriers de l'atelier de Füst[2], ils
gardèrent le plus longtemps possible le secret de l'invention. Ce secret, au contraire, fut divulgué par les ouvriers de Gutenberg, que celui-ci avait déliés de tout serment. »

Il eut bien des procès dans sa vie. C'est même par là
seulement qu'on la connaît un peu. Presque toujours sa
bourse en paya les frais, mais son caractère en eut les hon-
neurs.

Dans le premier, à Strasbourg, le seul qu'il gagna, il
suffit — tant il était connu — de sa parole jurée pour que
le juge lui donnât gain de cause[3]. Dans la même affaire,
étant aux prises avec des associés sans foi et de faux té-
moins, les seules paroles loyales qu'on entendit vinrent de
lui : « Il faut faire attention, dit-il, à un point essentiel,
qui est que dans toute chose il y ait égalité[4]. » Belle parole de la part d'un patricien de ce temps-là ! « Il est bon
de s'entendre, dit-il encore, afin que dans une société l'un

[1] Id., p. 398.
[2] Origines de l'imprimerie dans les Curiosités de l'histoire des arts, 1858,
in-18, p. 137.
[3] A. Bernard, Des origines et des débuts de l'imprimerie, t. 1, pages
125-127.
[4] Id., p. 131.

ne cache rien à l'autre, et que chaque chose soit au profit de tous. »

Ses associés ne parlaient pas du même ton; aussi fut-il toujours dupe.

Je ne suis pas entré dans les détails de ces litiges. J'avais bien assez de la typographie rimée, sans la compliquer de procédure en vers. Ses associations ne m'ont pas non plus beaucoup occupé. De deux, j'en ai fait une seule. J'ai mêlé ensemble sa première société avec Drizen pour l'exploitation de la découverte, et celle qu'il fit plus tard avec Füst, lorsque, à bout de ressources et non de désir, il s'épuisait à chercher ce qui rendrait son œuvre parfaite, c'est-à-dire le métal, ou l'alliage, nécessaire pour la fonte des caractères, qui jusqu'alors avaient été de bois.

Il ne trouva pas. C'est Pierre Schœffer qui fit la découverte[1] : il en eut tous les profits. Füst lui donna en mariage Christine sa petite-fille, et tua le dernier espoir de Gutenberg par le contre-coup de ce bonheur.

Il le chassa de l'invention qu'il n'avait pu rendre complète. Tous ces faits cruels d'une histoire trop vraie, je les ai conservés dans le drame, en les arrangeant un peu, à l'avantage de Gutenberg dont j'ai sauvé ainsi la gloire d'alchimiste[2] ; et en les atténuant pour Pierre Schœffer.

Il me répugnait de faire de cet amoureux un complice odieux des ruses du vieux Füst et un élève indigne de Gutenberg[3], dont on sait d'ailleurs qu'il garda pieusement le

[1] C'était, d'après la relation de Faust d'Aschaffenbourg, « un alliage de plusieurs autres métaux, capable de soutenir pendant quelque temps la force de la presse. » Wolf, *Monumenta Typographiæ*, t. I, p. 468.

[2] J'ai voulu que dans le temps qu'il s'occupait du grand œuvre, Gutenberg ait trouvé l'alliage, qui devait plus tard servir pour les types; mais que, par une conséquence naturelle à l'esprit d'invention, il ait oublié lorsqu'il allait lui être utile : pour lui, une invention avait chassé l'autre.

[3] Selon M. A. Bernard, il est certain que Pierre Schœffer, ancien copiste, comme je l'ai dit, avait travaillé sous les yeux de Gutenberg, après un voyage à Paris, que je n'ai qu'indiqué. (*Des origines et des débuts de l'im-*

souvenir dans sa famille[1]. Il me coûtait d'entacher sans preuve le seul amour qui pût parler vraiment dans la pièce.

Un inventeur n'aime que son invention, Alexandre Dumas le disait l'autre jour, en jetant par avance son coup d'œil expert sur l'idée de ce drame : j'ai fait ce qu'il disait. Le Gutenberg de la pièce n'a de passion que son œuvre. En eut-il réellement d'autre? On ne sait.

Madame Figuier lui en prête deux : une très-imaginaire pour la fille de l'imagier Coster, que très-probablement il ne put même pas connaître; l'autre pour Ennel, qu'il connut, puisqu'il lui signa une promesse de mariage, mais qu'il oublia dans une de ses distractions d'inventeur.

Cet oubli d'un distrait de génie tourne peut-être trop au drame chez madame Figuier; comme moyen de comédie, je l'aurais préféré, mais elle eût ainsi dénaturé sa pièce, et c'eût été grand dommage. Quant à moi, j'ai laissé complétement de côté ce personnage, assez énigmatique, et qui aurait tenu trop de place par les obsessions de son amour obstiné.

J'ai mieux aimé, usant du droit d'hypothèse que le théâtre nous laisse dans la vraisemblance, imaginer auprès de Gutenberg l'amour presque muet d'une femme dévouée, la Juive Enna, qui s'est éprise de lui par l'admiration, et qui ne le suit que pour être sa gardienne, son sauveur.

Afin qu'elle n'assiége pas Gutenberg d'un amour trop gênant, j'ai fait d'elle une femme enchaînée ailleurs; elle s'est mariée, par dévouement et reconnaissance, à un de ses vieux parents, et elle lui reste fidèle, malgré les ré-

---

primerie, t. I, p. 218) Quand j'ai fait de lui un élève du grand homme, son aîné de plus de vingt-cinq ans, je suis donc resté dans la vérité presque absolue.

[1] Ce qui le prouve, c'est ce que son fils Jean dit de Gutenberg en tête de la traduction allemande de Tite-Live, qu'il imprima en 1505, à Mayence. Il y déclare franchement « que l'art admirable de l'imprimerie a été inventé surtout par l'ingénieux Gutenberg. » Cet hommage du fils de Schœffer est un témoignage tardif mais sûr des souvenirs reconnaissants du père.

voltes qu'éprouve son cœur, lorsqu'elle compare les idées d'avarice de son mari avec le fier désintéressement du grand homme.

Les nécessités du sujet et surtout de l'époque m'ont obligé de faire de Füst et de Drizen, mari d'Enna, des juifs de la plus rapace espèce. Il me fallait deux « marchands d'argent, » deux spéculateurs; je ne pouvais alors les trouver que dans ces tribus de la vieille Alsace. Rien ne prouve d'ailleurs que Füst, chez qui tous les historiens ont reconnu le caractère de l'homme d'argent sans foi et du capitaliste sans pitié[1], n'en ait pas fait partie.

Pour atténuer ce que leurs rôles auraient de blessant aujourd'hui, je les ai placés dans la catégorie des renégats, des faux convertis, juifs d'une main, chrétiens de l'autre, volant avec toutes les deux, et par là tout aussi injurieux pour la croyance chrétienne que pour l'israélite.

Enna me sert de contraste : *Que de vertus !* dit Christine,

> ... Que de vertus, pauvre Enna, sont les siennes !
> D'autres en ont bien moins qui pourtant sont chrétiennes.

Auprès, le traître — car il m'en fallait un à tout prix — sert à faire ressortir la nuance. C'est un Italien, moitié condottiere, moitié inquisiteur, chevalier de toutes les industries, tantôt pour Dieu, tantôt pour le diable, et les servant à tour de rôle, suivant les profits. Le dernier trafic de ce Ciappei, comme je l'appelle, et qu'on nomme dans les livres Chappe ou Zappe, est la contrebande d'église. Il a surpris le secret de l'imprimerie, il en use — ceci est de l'histoire[2] — pour fabriquer, au nom du pape, de fausses indulgences. On le prend sur le fait, et il est pendu.

[1] V. entre autres Vallet de Viriville, *Les invent. de l'imprim. en Allemagne*, p. 5 ; V. aussi une preuve des habitudes d'usure chez Füst, dans le livre d'Aug. Bernard, t. I. p. 199.

[2] Didot, *Biog. générale*, art. *Gutenberg*, p. 493.

Auparavant, « croyant Dieu perdu, » il s'était jeté dans la magie et s'était fait arrêter à Venise pour ce crime même de sortilége au moment où il en accusait Gutenberg.

Cette accusation de magie est vraie. Ce fut une de celles qui menacèrent le plus cruellement tous ceux qui s'occupaient du procédé nouveau, et qui, par la peur qu'ils en eurent, leur fit d'abord chercher si prudemment le mystère[1]. Selon Prosper-Marchand, Füst eut beau se cacher, les moines l'accusèrent de sorcellerie, et de là serait venue la légende du docteur Füst ou Faust, le magicien.

Le danger sur ce point fut si grand, que l'invention naissante faillit en mourir.

Un autre, aussi grave, fut la persécution des copistes, ameutés contre l'art qui tuait le leur par le progrès, contre cette première invasion d'un art mécanique dans l'industrie humaine[2].

Gutenberg se préoccupa de ces périls et de ces luttes bien moins que ceux dont les nécessités de l'œuvre l'avaient forcé de faire ses associés. Nous ne voyons nulle part qu'il eût la moindre peur d'être accusé de magie. Quant aux copistes, il les brava de front par l'aveu sincère qui termine le premier livre qu'il imprima. Ce livre est le *Catholicon* de Jean de Balbi[3], précieux volume qui, par sa nature même, atteste bien quelle généreuse idée de vulgarisation et de science popularisée se trouvait, pour Gutenberg, dans la création du nouvel art. Qu'est-ce, en ef-

---

[1] V. l'excellent travail de M. A. F. Didot, dans l'*Encyclopédie moderne*, art. *Typographie*, p. 580, et son art. *Gutenberg* dans la *Biog. génér.*, p. 900.

[2] *Id.*, p. 899.

[3] On n'en connaît plus que huit exemplaires. C'est un in-fol. de 375 feuillets, sur 2 colonnes, de 66 lignes chacune, en *lettres de somme*, c'est-à-dire comme toutes les premières impressions, imitant l'écriture des copistes, ce qui explique de quelle manière la contrefaçon de Füst, en ayant de faire passer les Bibles pour des manuscrits, et de les vendre au même prix, put être possible.

fet, que le *Catholicon* ? « Un traité populaire sur la science universelle [1]. »

Dans la souscription, se posant aussi sincèrement croyant que nous l'avons fait, il attribue son œuvre à l'inspiration du Ciel [2]; puis, par un souvenir mélancolique du perfectionnement qui lui avait échappé et qu'avait trouvé le jeune Schœffer, il dit : « Dieu cache parfois aux savants ce qu'il révèle aux enfants; » et enfin, faisant face aux copistes, il déclare sans ambages ni faux-fuyant que le livre a été fait « ni à l'aide du roseau, du stylet ou de la plume, » mais avec des types mis en formes et placés sous la presse : « *Mira patronarum, formarumque concordia proportione et modulo impressus atque confectus est.* »

Une de mes seules inventions dans ce drame d'inventeur, c'est le séjour que, selon moi, Gutenberg aurait fait à Venise, et pendant lequel, poursuivi comme magicien et attaqué par les copistes, il aurait couru de réels dangers. Ce ne sont que suppositions. Je ne puis prouver que Gutenberg soit allé à Venise, mais je défie tout autant qu'on me prouve qu'il n'y alla pas. Cinq ans de sa vie sont absolument inconnus [3]. Madame Figuier en profite pour le faire voyager du côté de Harlem [4]. Moi, je l'envoie à Venise. C'est notre droit à tous les deux.

[1] Hallam, *l'Europe au moyen âge*, t. IV, p. 358.

[2] L'imprimerie sembla d'abord un art si providentiel qu'on le voit attribué partout, dès sa naissance, à une inspiration divine. V., par exemple, dans la *Revue britannique* de 1827, t. X, p. 360, ce qu'en dit un moine anglais. Pour lui, le Saint-Esprit en est certainement l'inventeur!

[3] C'est de 1445 à 1450. Chacun usant de cet espace de temps, où l'on ignore sa vie, l'envoie où il lui plaît, suivant les besoins de son opinion. Maittaire ainsi, dont madame Figuier a suivi l'hypothèse, le fait aller à Harlem, d'où il veut, par un autre effort de supposition, que Corselis, un de ses ouvriers, soit parti pour l'Angleterre, afin d'y établir aussitôt l'imprimerie. *Annal. Typogr.*, t. I, p. 96.

[4] Le Hollandais, M. de Vries, dans son livre *Arguments des Allemands*, p. 49, envoie à Harlem, chez Coster, un Gutenberg, oncle du nôtre, qui aurait appris de lui le secret acquis par un abus de confiance, par une sorte de vol domestique. Gutenberg l'oncle n'aurait été, selon M. de Vries,

J'ai l'avantage, en le dirigeant vers la ville des doges, de pouvoir l'y faire rencontrer par le monnayeur Nicolas Jenson, que Louis XI, en effet, dépêcha sur ses traces pour avoir le mot de son secret, et qui finit par s'établir à Venise pour y fonder l'imprimerie[1].

J'ai ainsi un élément français dans la pièce, qui sans cela serait beaucoup trop allemande. Ce m'est aussi une occasion de faire raconter par un Parisien comment Füst, qui, une fois en possession du secret de Gutenberg, s'était hâté d'aller à Paris pour y vendre ses Bibles imprimées au même prix que les Bibles manuscrites[2], fut trahi dans ce négoce de contrefaçon par deux *fautes d'impression* répétées sur chaque exemplaire.

Le fait, qui passa pour vrai ou qui du moins est de la légende très-vraisemblable, a été conté à ravir par le bibliophile Jacob dans ses *Soirées de Walter Scott à Paris*.

C'est là que je l'ai pris, avec autorisation.

Füst, quelque temps emprisonné, quitte enfin Paris, revient en Allemagne et, par la protection de Gutenberg, qui oublie et pardonne tout, se fixe à Mayence, où il se résigne à faire de l'imprimerie honnête, avec la collaboration du maître.

---

que le valet, l'ouvrier infidèle de Coster. « Or, dit à ce propos Auguste Bernard (t. I, p. 156), c'est une singulière idée de faire de Jean Geinfleisch, oncle de Gutenberg, membre d'une famille patricienne très-respectable de Mayence, le domestique de Coster à Harlem. » — Nous n'avons nullement cru, pour notre compte, aux rapports de Gutenberg oncle ou neveu, avec Coster, nous sommes restés de l'avis de M. Velter et de M. de Laborde, qui, après avoir admis que l'imprimerie pût être inventée en Hollande, par Coster, une vingtaine d'années avant les essais faits à Strasbourg, ajoutent : « Comme elle fut inconnue à Gutenberg, ses essais peuvent passer pour une invention nouvelle. » Léon de Laborde, *Origines de l'imprimerie*, p. 20-21.

[1] A. F. Didot, *Encyclopédie moderne*, art. *Typographie*, p. 637.

[2] Gabriel Naudé, d'accord avec Lacaille, Besoldus dans son *de Typographia*, et l'abbé Mercier de St-Léger, pense qu'à Paris une action en survente fut intentée à Füst parce qu'il avait vendu « pour manuscrits des livres qui étaient le résultat d'une impression » A. F. Didot, art. *Typographie*, p. 622. V. aussi Walkins, *Décad. fabul. génér. hum.* 1609, in-4°, p. 181.

C'est alors que le métal tant cherché est trouvé par Schœffer, et que Füst, abusant de cette nouvelle invention, simple progrès de l'autre, éconduit le grand inventeur.

Füst reste seul avec celui dont il a fait son gendre.

Il se croit maître pour toujours et sans conteste ; mais les luttes commencent avec tous ceux que gêne le progrès : magistrats, nobles, savants ; Füst prend peur et décampe[1]. Pierre soutient la bataille. Gutenberg, un jour, sortant de son ombre, le surprend qui guerroie ainsi, et, par admiration pour son courage, lui rend son amitié.

Il revient à son œuvre, parce qu'elle est un combat ; il est rappelé par cela même qui a fait fuir Füst, par le danger ; car, dit-il,

> Je le reconnais bien : intrépide à la tâche
> Tant qu'il faut prendre, mais, s'il faut défendre, lâche.
> C'est ce qui vient toujours nous venger du larron.
> Chez lui l'or est honteux et l'argent est poltron.

Vous voyez que j'ai eu bien des choses à mettre dans ce drame, et cependant il n'a pas paru assez plein ! Serait-il donc vrai que, où l'amour n'est pas pour tout occuper de sa passion, il n'y a que des pièces vides !

J'ai été aussi vif et aussi court que possible. Trois de mes cinq actes n'ont, à cent vers près, que la contenance d'un seul des *Faux Ménages*, le second, qui compte sept cent soixante-dix vers !

Je ne pouvais faire mesure meilleure, comme vous voyez ; car, au théâtre, la bonne mesure, c'est la plus courte. Aussi, n'ayant que des actes de cette dimension raisonnable, ai-je tenu aux cinq de mon plan primitif, sans lesquels

[1] Il est certain qu'après le départ de Gutenberg, ce fut Pierre Schœffer qui devint l'âme de l'atelier de Füst : « A lui seul, dit A. Bernard (t. I, p. 216), revient l'honneur des publications faites au nom des deux associés. »

toute l'économie de l'idée et tout son développement eussent été dérangés.

En de tels sujets, où l'histoire doit être complète, il faut, retournant le vers d'Horace

Et mihi res, non me rebus submittere conor,

se faire un précepte de l'idée contraire. On appartient à son personnage plus qu'il ne vous appartient ; on s'agite, il vous mène, et l'on doit suivre, dût-on n'aboutir qu'au sacrifice de son œuvre. La mienne s'est sacrifiée à son sujet.

Mon excès de conscience m'a valu de ne pas être joué à la Comédie-Française, qui, en fin de compte et de censure, ne demandait que l'abandon d'un acte pour l'honneur de ses ciseaux.

Je l'ai regretté le premier soir, en comparant au public bienveillant, recueilli, sympathique, qui avait accueilli la grande élégie astronomique de *Galilée*, le public redoutable de l'Odéon, chez qui je n'avais jamais vu pareille rigueur, bien que m'étant confié à lui, après l'accueil qu'on m'avait fait ailleurs, et que je ne pouvais subir, je dusse espérer de lui plus d'hospitalité.

Le lendemain, je ne le regrettais déjà plus.

Gutenberg s'était mis à marcher sans cahots l'amble commode et doux que marchait *Galilée*. On faisait fête au grand inventeur : à celui qui nous trouva notre vrai soleil, comme à celui qui ne fit que chercher l'autre.

Je dois beaucoup, pour ce retour de fortune, à la vaillance de mes acteurs, que rien n'a fait broncher sur la brèche de la muraille croulante : à Lacressonnière surtout, si élégant, si noble sous le costume que lui dessina notre ami Lazerge, avec le crayon d'Holbein ; à Lacressonnière, dont rien n'égale la vigueur, l'énergie pénétrée, la cha-

leur d'àme. Il est, ô illusion d'un cœur d'artiste! il est
convaincu comme pour un chef-d'œuvre.

Mademoiselle Périga de même; elle a eu dans cette
pièce, qu'on tuait déjà, les mêmes élans, la même science
du bien dire que pour les œuvres qui ne mourront jamais.
Elle se croyait dans une tragédie. Hélas! c'en était une
un peu, car, quelqu'un l'a dit, la cruauté qu'on mettait
à exécuter la pièce ressemblait fort à un assassinat!

Raynald a bien la chaleur, le mouvement plein d'élan
et le cœur d'amoureux et d'ami que j'ai rêvé pour le rôle
de Pierre; Martin est un vrai *gabeur* parisien du bon
temps de Louis onzième, nez en l'air, œil étincelant et
parole alerte; Dugaril, un vrai diseur classique, vaut beaucoup mieux que son personnage de Ciappei; Roger fait
tout un rôle d'une simple scène, par sa bonne humeur et
son franc comique; Rey, qui, en un jour, s'est donné la
peine d'apprendre le rôle de Laute, subitement malade,
l'a joué, analysé, creusé, comme après plusieurs semaines
d'étude; Richard, l'homme des physionomies multiples
et toutes vraies, vient d'ajouter à sa galerie un « crayon »
merveilleux par la manière dont il a dessiné le juif Drizen.
Gibert, le copiste, qui tient tête à Lacressonnière, est digne
de cette lutte, c'est tout dire. Enfin, mademoiselle Élisa
Thomas est d'une grâce adorable et d'un charme d'idéal
exquis. Elle semble être dans la pièce comme ces fines
miniatures qu'on semait dans les missels pour en marquer
les plus belles pages.

Après ce remerciment aux interprètes, j'en dois un
encore plus vif au directeur de l'Odéon, M. de Chilly, qui
se prodigua si bien pour l'auteur et pour la pièce : l'un
eut de lui les meilleurs, les plus intelligents conseils;
l'autre la plus remarquable mise en scène.

DISTRIBUTION DE LA PIÈCE

PERSONNAGES.	ACTEURS.
JEAN GUTENBERG, gentilhomme de Mayence, trente-six ans	MM. Lacressonnière.
JENSON, ouvrier de Paris, attaché par Louis XI à la Monnaie de Tours, même âge.	Noël Martin.
PIERRE SCHŒFFER, étudiant allemand, disciple de Gutenberg pour l'alchimie et l'art des métaux . .	Raynald.
FÜST, marchand juif qui se donne pour chrétien, soixante ans	Laute.
ANDRÉ DRIZEN, marchand et faux converti, comme Füst, cinquante ans.	Richard.
CIAPPEI, espion et condottiere italien, affilié à l'ordre des porte-glaive allemands	Dugabil.
ALDO, libraire à Venise	Roger.
ENNA, femme de Drizen, trente ans	Mmes Périga.
CHRISTINE, petite-fille de Füst	Elisa Thomas.
Un patricien de Mayence.	MM. Sully.
Un juge id.	Clerh.
Un savant id.	Fréville.
Un copiste vénitien	Aimé Gibert.
Une jeune fille	Mlle Noémi.

1

GUTENBERG

DRAME EN CINQ ACTES, EN VERS

ACTE PREMIER

LA SCÈNE EST A STRASBOURG.

Le théâtre représente un carrefour de la *Judengass* : au fond, la maison de Füst, à droite celle de Drizen avec un perron à plusieurs marches.

SCÈNE PREMIÈRE

PIERRE SCHŒFFER, puis CIAPPEI.

PIERRE, allant de long en large devant la maison de Füst, et s'arrêtant par instants pour écouter.

Il n'est pas, j'en réponds, de logis dans Strasbourg
Mieux clos que celui-ci, plus muet et plus sourd.
Quand en sortira-t-il? Je le vois avec peine
S'obstiner chez ces gens qui font de tout aubaine.

Il y sera pris. Non, je veille !

(Voyant entrer furtivement Ciappei, le manteau sur les yeux.)

Quel est-il,
Cet homme ? Un espion qui démêle son fil.
Partout où va le maître, il vient, se glisse en fraude,
Ou du côté d'Enna, la femme du juif. Rôde ;
Ce seront pas perdus, l'homme au mystère !

CIAPPEI, qui a regardé partout.

Allons !
Ni l'un ni l'autre encore ! A plus tard !

Il s'éloigne un peu.

PIERRE, toujours à la porte de Füst.

Ils sont longs

Écoutant.

Leurs entretiens... Enfin !

CIAPPEI, qui entend aussi, revenant.

Du bruit !

PIERRE.

Une dispute !

Tant mieux !

SCÈNE II

LES MÊMES, FÜST, GUTENBERG, DRIZEN.

CIAPPEI, les regardant sortir l'un après l'autre.

Füst, Gutenberg, Drizen en pleine lutte !
Voyons cela...

GUTENBERG.

Non !...

FÜST.

Mais...

GUTENBERG.

Ne m'en reparlez plus.

PIERRE, allant à Gutenberg et lui serrant la main.

Bien, maître !

FÜST.

Vos refus sont-ils donc...?

GUTENBERG.

Absolus !

DRIZEN.

Rien qu'un petit secret...

GUTENBERG.

Non, je hais tout commerce
Où sous l'excès du gain la déloyauté perce.

FÜST.

Si...

GUTENBERG.

Je vous sais par cœur, juifs.

DRIZEN.

Nous l'étions...

GUTENBERG.

Allez !
Mécréants de la veille en chrétiens affublés,
Rien de vous n'est resté dans l'eau d'un vain baptême.
Convertis de la peur, gardez votre anathème.

Il sort.

SCÈNE III

LES MÊMES, moins GUTENBERG.

FÜST.

Point d'affaire avec lui! nous l'avons trop prié.
Laissons...

DRIZEN.

On donne mieux quand on a bien crié;
C'est l'instant de le prendre, et...

FÜST.

Soit!

Ils sortent du côté où Gutenberg est sorti.

SCÈNE IV

PIERRE, CIAPPEI.

CIAPPEI.

Pour tout connaître
Suivons...

Il sort.

PIERRE, s'élançant à son tour.

Contre leur ruse on va vous aider, maître,

SCÈNE V

PIERRE, CHRISTINE.

CHRISTINE, à la porte de Füst.

Pierre!

PIERRE, s'arrêtant.

Ah!

CHRISTINE.

Vous partiez?

PIERRE.

Oui, mais un mot me retient.
On vous voit, tout s'oublie; on fuyait, on revient.

Gaiement, montrant la rue par laquelle ont disparu Füst et Drizen.

Le vieux Füst...

CHRISTINE, avec reproche.

Ah! monsieur, ma mère était sa fille.
Et ce ton...!

PIERRE, riant.

Êtes-vous vraiment de sa famille?

CHRISTINE.

Par exemple!

PIERRE.

Après tout : la perle au gouffre luit,
Et l'étoile toujours a brillé dans la nuit !

CHRISTINE.

Il est bon...

PIERRE.

Cependant il vous fait sa servante,
Il n'est pas de labeur que pour vous il n'invente,
Et...

CHRISTINE.

Je fais tout gaiment... hormis cette leçon...

Elle montre le livre qu'elle tient.

PIERRE.

Lecture !

CHRISTINE.

Écriture!

PIERRE.

Et calcul?

CHRISTINE.

Oui. Le garçon
Qui chiffrait autrefois sur nos livres de compte
A pris congé...

PIERRE.

J'entends, et Füst vous a, sans honte,
Donné sa tâche.

CHRISTINE, les yeux sur le livre.

Lire! ah! c'est bien malaisé.
Que de signes, voyez! l'un dans l'autre est croisé.
On y cherche le sens, et l'on en perd la piste.
Pourquoi tant de chaos?

PIERRE.

Hélas! c'est qu'un copiste —
Je l'étais — presse et heurte à les estropier,
Les lignes et les mots sur l'aride papier,
Sa glèbe à lui, qu'il creuse en vrai serf de la plume :
Le pain de sa journée est au bout du volume.

CHRISTINE.

Que je lirais bien mieux en quelque beau missel,
Où court sur le vélin comme un reflet du ciel,
Où l'or dit à l'azur les célestes louanges,
Où montent dans les fleurs des vierges et des anges!
N'est-ce pas qu'on s'y croit d'avance en paradis?

PIERRE.

Oui, mais ce sont joyaux qui vous sont interdits...
Soyez princesse...

CHRISTINE.

Hélas! ainsi toujours?...

PIERRE.

                                        Peut-être.

Parmi tant de projets qu'a médités le maître,
J'en sais un, le plus beau, qui, s'il naît triomphant,
Pourra bien...

CHRISTINE, étonnée.

            Il suivrait, lui, ce rêve d'enfant!...

PIERRE.

Certes...

CHRISTINE.

            Il y mettrait sa science profonde!

PIERRE.

Dans ce rêve d'enfant est un désir du monde.

CHRISTINE.

Du monde!... C'est pour rire?

PIERRE.

                        Oh ! sérieusement.

Tout changerait si tous y lisaient couramment.

CHRISTINE.

Vous l'aimez, votre maître, et vous faites qu'on l'aime.
Mais d'où vient qu'il s'est mis en tête un tel problème?
Noble, il devrait n'avoir qu'une idée, un métier :
La guerre!

PIERRE.

            Il s'y jeta d'abord, et tout entier.

Prêt aux devoirs sanglants que l'honneur y commande,
Porte-glaive, il gardait la frontière allemande
Contre les gens du Nord; même il était monté,
Dans l'Ordre, aux premiers rangs, quand il a tout quitté.

CHRISTINE.

Pourquoi?

PIERRE.

Pour un chagrin qui jamais ne s'efface.
La mort, que sans pâlir il avait vue en face,
Prit sa mère, et lui mit dans l'âme ces douleurs
Que rien n'éteint chez l'homme à qui manquent les pleurs.
Il s'y transfigura : devant la sainte morte,
Mesurant par son deuil ceux que la guerre apporte,
Il la prit en horreur, en haine ; il fit serment
Qu'elle ne l'aurait plus jamais pour instrument,
Mais que, par la science ardemment poursuivie,
Toute œuvre de ses mains serait œuvre de vie.
Il a tenu parole, et, dès lors, que d'essais,
D'efforts ! Des arts obscurs il a forcé l'accès,
Oui, le grand œuvre même ..

CHRISTINE.

Est-ce possible?

PIERRE.

Certes !

Puis il en dédaigna les richesses offertes.

CHRISTINE.

Que peut-il préférer à l'art qui produit l'or?

PIERRE.

Celui qui produira l'idée au vaste essor.
Ce qu'il cherche vaut bien, je crois, ce qu'il délaisse?

CHRISTINE.

Mieux !

PIERRE.

Et l'on dit pourtant qu'il déroge.

CHRISTINE.

Noblesse
Et Savoir auraient-ils des choix si différents?

PIERRE.

Maître avec l'un, chez l'autre on est mis hors des rangs.

CHRISTINE.

Orgueil!

PIERRE.

Et jalousie, obstacle à qui s'élève.
Des gens de tous pays, mêlés aux Porte-glaive,
Condottieri-larrons, guettèrent ses secrets,
Un surtout...

CHRISTINE.

Pour trahir?

PIERRE.

Voler.

CHRISTINE.

Ces vols?

PIERRE.

Sont vrais.

N'est-il pas des frelons toujours autour des ruches?
A Mayence, le prince, écartant ces embûches,
Protégea tant qu'il put, dans sa marche en avant,
Ce noble révolté qui veut être un savant.
Mais enfin l'orgueilleuse et fainéante caste,
Que tant d'ardent labeur narguait par son contraste,
Obtint qu'on l'exilât.

CHRISTINE.

Il vint alors ici.

PIERRE.

Où d'autres, j'en ai peur, l'auront à leur merci.

CHRISTINE.

Vous veillez!

PIERRE.

C'est ma tâche, et je m'y veux complaire.

Il est si bon, si grand! S'il parait, il éclaire,
Peut-être rêve-t-il, par l'avenir séduit :
C'est le bien qui l'égare, et sa faute y conduit.
Toutes ses passions sont là sans aucune autre.

CHRISTINE.

Pas même un peu d'amour?...

PIERRE.

Mais il comprend le nôtre.
Si grand que soit son cœur, il ne peut contenir
Qu'une idée, un espoir...

CHRISTINE.

Avec un souvenir...

PIERRE

Oui, celui de sa mère : il en marque la trace
Partout; quoiqu'elle fût plébéienne de race,
Il prend son nom, sans voir quel noble titre il perd
Lorsque Jean de Geinfleisch n'est que Jean Gutenberg.

SCÈNE VI

LES MÊMES, CIAPPEI.

CIAPPEI.

Je n'ai pu rien saisir en courant sur leur piste.
Mais il s'agit encor d'un projet d'alchimiste :
La femme de Drizen m'en dira plus. Il faut
Sur mes soupçons, d'ailleurs, avoir le dernier mot.
Elle aime quelque part, puisqu'elle m'est rebelle.
Je ne pardonnerai que si j'obtiens par elle
Ces secrets. Ah ! je veux qu'ils deviennent les miens

A tout prix, ou sinon !... Elle a peur, je la tiens.
Oui, patience encore.

SCÈNE VII

LES MÊMES, ENNA.

CHRISTINE, la voyant sur l'escalier de sa maison.
                    Enna !

                    PIERRE.
                        Tout effarée.

                    CHRISTINE.
Elle est souvent ainsi,

            ENNA, à part, après avoir regardé partout.
                    Serais-je délivrée ?

            CHRISTINE, bas à Pierre.
Un rien, vous le savez, l'effraye. Or, le péril,
Selon mon père, est grand pour elle : On croit, dit-il,
Qu'elle n'est pas encor franchement convertie
Comme le fut ma mère, et qu'elle est avertie
Par l'Inquisition.

                ENNA, regardant toujours.
                    Je ne l'aperçois pas.

                    CHRISTINE.
On l'espionne...

                    PIERRE.
                    Puis ?

                    CHRISTINE.
                        Mais, plus loin et plus bas !

                            Ils sortent.

SCÈNE VIII

CIAPPEI, ENNA.

ENNA, descendant et apercevant Ciappei.

Lui !

CIAPPEI.

Je t'attends.

ENNA.

Toujours !... Ah ! j'en étais certaine !
J'ai repoussé l'amour, je récolte la haine...

CIAPPEI.

Et le danger, qui va te prendre en son linceul.

ENNA.

C'est de toi qu'il me vient, Ciappei.

CIAPPEI.

Mais...

ENNA.

De toi seul.
De quoi m'accuse-t-on? De n'être pas chrétienne?

CIAPPEI.

Ta faute est là, c'est vrai.

ENNA.

Cette faute est la tienne.
De ma croyance, un jour, j'allais faire abandon ;
Ton Dieu, m'avait-on dit, fut grand par le pardon :
Je me donnais à lui. Tu vins, soldat, apôtre,
Couvrant la foi de l'un par le glaive de l'autre ;
Et je me crus sauvée, et j'écoutai ta voix

Comme l'écho vivant de celle de la croix.
Qu'y trouvai-je? La fourbe...

CIAPPEI.

Enna !

ENNA.

La félonie.
Tu m'as fait reculer sur la route bénie,
Et j'ai tout renié quand j'allais croire...

CIAPPEI.

Tout !

ENNA.

Oui, la chrétienne est morte et la juive est debout.

CIAPPEI.

Tu sais ce qui t'attend.

ENNA.

Crois-tu que j'en pâlisse ?
Parle-moi de la mort, montre-moi le supplice,
Va, je les craindrai moins que ce culte où ton fiel
Me ferait un poison des paroles du ciel.

CIAPPEI.

Renier notre foi !

ENNA.

Dis un mot, je l'acclame,
Si dans ce mot ému je te retrouve une âme.
Car tout est là, Ciappei, l'abime ou le saint lieu :
Fais-moi croire à ton cœur, je vais croire à ton Dieu.

CIAPPEI.

Tu te révoltes !

ENNA.

Non. Lasse enfin de l'ornière,
Je m'essaye à marcher en cherchant la lumière;
Je ne sais d'où viendra le rayon espéré,

Mais je sens qu'il doit luire et que j'en renaîtrai.

CIAPPEI.

D'avance, tu te fais bien vaillante et hautaine.

ENNA.

Le courage, chez nous, s'affermit par la haine.

CIAPPEI.

Mieux encor par l'amour. N'aimerais-tu pas?

ENNA.

Qui?

CIAPPEI.

Ce Gutenberg, peut-être...

ENNA.

Ah! tu te moques!... Lui!
A peine l'ai-je vu. Je sais que de Mayence
Naguère il vint ici, banni pour sa science,
Chassé pour son génie aux trop hardis essais
Par des envieux...

CIAPPEI.

Et...?

ENNA.

C'est tout ce que je sais.

CIAPPEI.

Mais de qui l'as-tu su?

ENNA.

De Pierre, son élève.
Toi-même dans Mayence étant aux Porte-glaive,
Alors, tu dus l'apprendre... et peut-être...

CIAPPEI, vivement.

Passons.

ENNA.

Tu fus de ce complot...

CIAPPEI.

Réponds à mes soupçons.

ENNA.

Réponds d'abord aux miens.

CIAPPEI, avec colère.

Ah !

ENNA.

Pourquoi douterais-je ?
Tu l'emportes, c'est sûr. Donc, replaçant ton piége,
A Strasbourg tu veux...

CIAPPEI.

Non...

ENNA.

Tu n'as pu pardonner
Au grand homme qui vient jusqu'ici te gêner...

CIAPPEI.

Moi !...

ENNA, avec ironie.

Quoique pour vous deux assez beau soit l'espace !
Lorsqu'en montant quelqu'un vous gêne, on le dépasse.

CIAPPEI.

Ne l'aime pas, du moins ; alors j'en finirais
Par un coup violent...

ENNA, à part.

Et lâche !

Haut.

C'est de près
Et depuis bien longtemps que ton espionnage
Me poursuit. Tu sais donc que toute à mon ménage,
Bien plus que le bonheur, j'y connus le devoir,
Presque enfant. Je m'y tiens.

2

CIAPPEI.

                Soit. Pour le mieux savoir
Toutefois, je voudrais chasser mon dernier doute
Par une épreuve...

ENNA.

     Encor !...

CIAPPEI.

            Serait-ce qu'il t'en coûte?

ENNA.

Nullement. Que faut-il pour qu'il soit éclairci,
Ce soupçon?

CIAPPEI.

     Gutenberg va revenir ici...

ENNA.

Pierre l'y rejoignant, ce retour-là s'explique.
Eh bien !

CIAPPEI.

    Va droit à lui.

ENNA.

     Moi ?

CIAPPEI.

          Reprends la supplique
Pour laquelle, à l'instant, ton mari l'assiégeait,
Et dont certainement tu sais quel est l'objet...

ENNA.

Non...

CIAPPEI.

    N'importe !... A l'abord, ta froideur ou ton trouble
Me fera voir ou non si tu l'aimes.

ENNA.

         Jeu double

Et digne ainsi de toi ! L'épreuve du soupçon
Sera nulle.

CIAPPEI.

    Crois-tu ?

ENNA.

        Mais d'une autre façon
Tu veux en profiter par ce qui pourra suivre,
Si Gutenberg, cédant à ma prière, livre
Ce secret d'alchimie où va ton vrai désir.
Je te connais. Pour toi, tout est bon à saisir :
Inquisiteur, ici, pour l'évêque et pour Rome,
Puis condottiere ailleurs, tu sais être un autre homme,
Et, multiple déjà, te transformer encor,
Dès qu'on réveille en toi le vertige de l'or.
L'or ! c'est ta soif, ta fièvre, et par un troc infâme,
Tu vendrais, pour l'avoir, ce qui te reste d'âme.

CIAPPEI.

Assez ! Refuses-tu !

ENNA.

    Mais...

CIAPPEI.

    Il vient.

ENNA.

        Accepté.
Tu m'as mise en humeur de curiosité.

SCÈNE IX

LES MÊMES, GUTENBERG.

GUTENBERG, pensif et se parlant.

Chose étrange, vraiment, que notre humaine espèce !

On lui montre le jour, elle veut l'ombre épaisse.

CIAPPEI, pressant Enna.

Va !

ENNA, attentive.

J'observe...

GUTENBERG, continuant.

Elle-même amoindrit ses destins :
Avec des goûts abjects, elle a de grands instincts.

ENNA, de plus en plus attentive.

Ah ! comme il parle !

GUTENBERG, continuant.

Au bien il faut qu'elle revienne.
La lumière d'en haut, monde, est seule la tienne.
Crains-tu de t'y brûler comme un vil papillon ?
Non, tu peux y monter ainsi que fait l'aiglon.
Les orages en vain près du nid se courroucent :
Il regarde le ciel, et les ailes lui poussent.

ENNA, avec admiration.

Ah !

CIAPPEI.

Tu t'émeus.

ENNA.

C'est vrai. Je crois être au réveil.
Il part de ce qu'il dit des rayons de soleil.

CIAPPEI.

C'est un rêveur !

ENNA.

Partons !

CIAPPEI.

Parle-lui, je te somme...

ENNA.

J'aurais peur à présent des mépris d'un tel homme,

Si je lui mendiais...

GUTENBERG.

Ces juifs !

ENNA.

Ah ! l'entends-tu

Qui nous maudit déjà...

GUTENBERG.

Quelle est donc leur vertu !

Cent fois je leur ai dit : Rachetez votre race.
L'argent purifié pourrait payer sa grâce ;
La pensée en travail veut un plus large essor :
Aidons-la. J'offre soins, temps, idée, offrez l'or !
Rien ! Dès qu'il faut donner, ils verrouillent leur porte.

ENNA.

Ah ! si je pouvais, moi !

CIAPPEI.

Que dis-tu ?

ENNA.

Peu t'importe.

CIAPPEI.

Prends garde ! Et maintenant va droit à ses secrets.

ENNA.

Eh bien, oui : pour l'entendre et le voir de plus près !

Elle se rapproche.

CIAPPEI.

C'est au nom de Drizen. Demande qu'il révèle
Ce que le grand œuvre...

GUTENBERG, qui a entendu.

Ah ! qu'est-ce qu'on me rappelle ?

Qui parle ainsi ?...

ENNA.

Moi.

GUTENBERG.

Non.

ENNA.

Moi, te dis-je.

GUTENBERG.

Tu mens.

A de certains projets il faut des instruments
Qu'un peu de gain entraîne, ou que la crainte attache,
Et qui, se dévouant pour la main qui se cache...

ENNA, troublée, à part.

Que dit-il ?

GUTENBERG.

Tu m'entends...

ENNA, de plus en plus troublée

Non, et...

GUTENBERG.

Dans tout ceci

Cet instrument, c'est toi...

ENNA.

Mais...

GUTENBERG, allant à Ciappei.

La main, la voici.

CIAPPEI.

Imprudent ! De quel droit ?

GUTENBERG.

Du droit qu'a l'honnête homme
De déchirer un masque, en voulant qu'on se nomme,
Signor Ciappei...

ENNA, surprise.

Son nom ! Tu sais...

GUTENBERG.

Quoi qu'il ait soin

De bien cacher ses coups, j'ai, victime et témoin,
Tout surpris...

CIAPPEI.

Tout ?

GUTENBERG.

J'ai vu les feux qui te consument,
Cette fièvre de l'or, où les autres s'allument,
Ta lâche impatience... et le reste.

CIAPPEI.

Ah ! s'il faut
J'ai dans une action le bras fort, le cœur haut,
Crains donc...

GUTENBERG.

Tu veux prouver que je te fais outrage !
Eh bien ! les temps sont bons pour avoir du courage,
Mais mieux que dans un duel : l'héroïsme est partout,
Même sur l'Océan, qu'on fraya jusqu'au bout.
Ta route est là. Tu veux l'or, l'Inde est sa contrée,
Conquiers par les périls sa richesse épurée,
Et, pour prix de trésors qui seront bien à toi,
Laisse à ce sol lointain la science et la foi.
Va voir ces cieux profonds qui, sous leur transparence,
Montrent Dieu plus visible à l'œil de l'espérance.
On en rapporte au cœur comme un lambeau vermeil,
Et notre vie alors se chauffe à ce soleil.
Clartés de l'Orient, il suffit qu'on vous sente
Pour rendre à ses hivers une lumière absente !
Mais ivre d'inconnu, de science ébloui,
Aux livres obscurs, moi, je me suis enfoui.
Le grand œuvre montrait sa fournaise allumée :
Mes jours, avec le reste, ont fui dans sa fumée !
Et pourtant, une fois, sur mon creuset penché,

CIAPPEI, à part.

L'y voilà !...

GUTENBERG.

    J'ai cru voir ce qu'on a tant cherché :
Acides et métaux frissonnant dans la flamme,
Semblaient, pour lutter mieux, agités par une âme.
Là, tous grondaient : mercure, argent, plomb, cuivre, fer,
Mélange étincelant, qui bout dans un éclair !
Puis le feu s'éteignant sous la masse animée,
Elle devint bientôt assez froide et calmée,
Pour que chaque élément dans un seul s'absorbât,
Et que leur union naquit de leur combat.
Bloc étrange, où la flamme a fait, sous son étreinte,
Jaillir comme un reflet des métaux de Corinthe !
Des trésors qu'il renferme il semble être étoilé,
Le plus pur même,

CIAPPEI.

        L'or ?

GUTENBERG.

        Sur la masse a perlé !
Sous l'acide et la flamme, et parcelle à parcelle,
Chaque élément donna tout ce qu'il en recéle.

CIAPPEI.

Ainsi, le grand problème était là, résolu.

GUTENBERG.

Je tenais l'or...

CIAPPEI.

    Eh bien ?

GUTENBERG.

        Je n'en ai pas voulu !

ENNA, avec admiration.

Ah !

CIAPPEI, dédaigneusement.

Cet aveu !

GUTENBERG.

Faut-il que je le recommence ?

CIAPPEI.

Je n'y croirais pas plus, c'est mensonge ou démence.

ENNA.

Sagesse...

CIAPPEI.

Un tel pouvoir ! et...

GUTENBERG.

J'en comptai les soins,
Les devoirs effrayants, puis considérant moins
L'immensité du don que celle de la tâche,
Devant son lourd bonheur, j'en conviens, je fus lâche.
Pouvant tout, pour oser je me sentais moins prêt,
Au lieu de s'élargir, mon cœur se resserrait.
Ce qu'on n'a pas conquis par le travail égare :
Il me semblait déjà que j'allais être avare !
La misère plutôt ! Le vrai courage en sort,
Notre âme s'y retrempe et grandit sous l'effort,
Avec elle, sincère et vaillante maitresse,
La vie est un combat, l'or n'en fait qu'une ivresse.
Ce qu'il faut aux projets, que je rêve si grands,
Je saurai le gagner, ou les riches...

CIAPPEI.

Reprends,
Ce sera plus certain, le grand œuvre...

GUTENBERG.

J'oublie
Ce que j'ai dédaigné...

CIAPPEI.

Ces secrets ?...

GUTENBERG.

Morts !

CIAPPEI.

Folie.

ENNA.

Grandeur !

CIAPPEI.

Encor.

ENNA.

J'admire.

CIAPPEI.

Et par là vient l'amour.

ENNA.

La foi !

CIAPPEI.

Chimère !

Plus bas.

Allons ! ma haine aura son jour.

Plus haut.

A bientôt.

Il sort.

SCÈNE X

GUTENBERG. ENNA.

ENNA.

Il s'en va la menace à la bouche :
Crains, tu l'as insulté...

GUTENBERG.

De lui rien ne me touche.

ENNA.

De l'Inquisition il est un familier.

GUTENBERG.

Eh ! que m'importe ! J'ai le plus sûr bouclier
Contre tous les soupçons : ma conscience intacte.

ENNA.

Mais il peut t'accuser...

GUTENBERG.

De quelque infernal pacte,
Comme les siens peut-être !

ENNA.

Ah ! tu sais ?...

GUTENBERG.

Qu'il veut tout,
Et cette ambition, sitôt qu'elle est à bout,
N'ayant plus où se prendre, en bas se réfugie :
Quand on croit Dieu perdu, l'espoir c'est la magie.

ENNA.

Il parlait de la foi !

GUTENBERG.

Ceux qui la tiennent loin
S'en font une autre ainsi. Croire est un tel besoin
Pour les âmes, qu'il faut, même aux plus révoltées,
La superstition ce remords des athées.
Il en est là, c'est lui qui doit craindre...

ENNA.

Et la nuit,
S'il venait, comme un loup que sa proie a conduit,
Sans te laisser le temps d'un cri, d'un mot, d'un geste.

GUTENBERG.

J'ai le bras fort, l'œil sûr, et Dieu ferait le reste.

ENNA.

Ses piéges...

GUTENBERG.

Pour lui seul en serait le danger.

ENNA.

Pour lui ?...

GUTENBERG.

Ciappei sait bien qu'on saurait me venger.

ENNA.

Te venger !

GUTENBERG.

A coup sûr.

ENNA.

Qui ?

GUTENBERG.

Plus un mot!

ENNA.

Pardonne!

GUTENBERG.

Je te sais gré des soins que ton zèle se donne,
Tes conseils m'ont touché; cependant garde-toi
De vouloir sur ce point trop apppendre de moi.

Plus bas.

Ah ! c'est me rappeler un trop terrible office.

ENNA.

Que dit-il là ?

GUTENBERG.

Passons, tu m'as rendu service
Que veux-tu de moi ?

ENNA, dignement.

Rien...

SCÈNE XI

LES MÊMES, DRIZEN.

DRIZEN, qui a entendu.

Si fait, quelque présent,
Un seul de vos secrets, seigneur. En refusant,
On se vole.....

ENNA, bas.

Tais-toi.

DRIZEN.

Que non pas ! Je réclame.
Puisqu'on t'offre, je prends.

GUTENBERG.

De quel droit?

DRIZEN.

C'est ma femme.

GUTENBERG, très-surpris.

Ta femme !

DRIZEN.

Donnez...

GUTENBERG.

Mais elle refuse...

ENNA.

Tout !
Ces mendicités-là me font honte et dégoût.

Elle sort

SCÈNE XII

GUTENBERG, DRIZEN.

GUTENBERG, suivant des yeux Enna.

Bien!

DRIZEN.

Orgueil! jeu de pauvre où la fortune triche.

GUTENBERG.

On ne t'y prend jamais.

DRIZEN.

Moi, je suis humble.

GUTENBERG.

Et riche.

DRIZEN.

A peine. Un seul secret de vous pourrait...

GUTENBERG.

Eh bien!

DRIZEN, vivement.

Ah!

GUTENBERG.

Patience, attends! — Juif qui fais le chrétien,
Tu ressembles assez à la fausse monnaie,
Et j'ai peur qu'en cela mon présent ne t'effraie.

DRIZEN.

Moi!...

GUTENBERG.

C'est du métal faux que je t'offre.

DRIZEN.

Accepté!

GUTENBERG.

Déjà!

DRIZEN.

Je n'y mets pas tant de subtilité.

GUTENBERG, après avoir écrit sur un feuillet de ses tablettes.

Prends donc...

DRIZEN.

Tout est écrit, la recette, l'usage,
La valeur...?

GUTENBERG.

Tout.

DRIZEN.

Merci !

GUTENBERG.

Mais tu sais...

DRIZEN.

Je suis sage.

Plus bas.

On ne m'a jamais pris...

Il sort.

SCÈNE XIII

GUTENBERG, PIERRE.

PIERRE, regardant Drizen qui sort en riant.

Drizen vous a trompé?

GUTENBERG.

Non...

PIERRE.

L'on dirait pourtant un voleur échappé.

GUTENBERG.

C'est qu'il vient d'obtenir de moi ce qu'il préfère :

Le secret d'un métal dont je n'ai su que faire,
Cet alliage un jour trouvé dans mon creuset,
Quand sous le *stibium* l'étain s'y déposait...

PIERRE.

Je sais, le faux-argent. Prenez garde, ce drôle...

GUTENBERG.

Je l'éprouve, et veux voir ce qu'il vaut au contrôle.

PIERRE.

Piége et présent !

GUTENBERG.

       Dis-moi. D'où vient donc qu'un tel juif
Se trouve avoir pour femme ?...

PIERRE.

          Enna, ce cœur captif ?
Elle était orpheline, et bien petite fille ;
Or, comme ils ont parfois des vertus de famille,
Ce Drizen, son parent, la prit et l'adopta.
En retour, que de soins, de cœur elle apporta !
La maison du maudit avait enfin une âme.
Quand elle fut plus grande, il lui dit : Sois ma femme,
Et, comme si déjà, par quinze ans de bonté,
Ce qu'elle lui devait n'était pas acquitté,
Soumise, elle lui paye, au vrai bonheur ravie,
La dette de l'enfance, avec toute sa vie.
Elle oublie, elle absout, mais il passe en son œil
Bien des réveils d'honneur, bien des éclairs d'orgueil.

GUTENBERG.

Oui, voilà bien comment elle s'est révélée :
Sa conscience, eau pure et que rien n'a troublée,
S'est laissée un instant voir ainsi jusqu'au fond,
Par un de ces regards où le cœur vous répond.
Le mien s'en est ému sous le froid de ses doutes.

Il est si consolant, après les longues routes,
Quand dans son dernier rêve on ne va qu'au hasard,
D'avoir pour s'y poser l'appui d'un fier regard !
— Ah ! toujours se débattre au désert d'une idée,
Seul ! — nul n'a vu la mienne, et nul ne l'a sondée,
On la proscrit déjà. Quel sera ton effet,
Mépris ! En blessant l'homme, on tuera le bienfait.
Qu'aurais-je demandé ? Rien. L'œuvre est accomplie,
Prenez, faites-la grande, et, moi, que l'on m'oublie.

PIERRE.

Rien, auriez-vous dit, rien, et la gloire ?

GUTENBERG.

                              A quoi bon !
L'homme amoindrit son œuvre en y mettant son nom.
N'est-ce pas un orgueil ? autour s'en vient l'envie ;
Autour de l'inconnu, la légende ravie !
Laissons naître ses fleurs aux champs que nous frayons :
C'est le mystère seul qui nous fait des rayons.
Dans cette ombre vois-tu mon extase secrète,
Lorsque l'idée enfin qui va, que rien n'arrête,
Fait dire à tous : « Jusqu'où son vol s'étendra-t-il ! »
Un métier, dont la main d'un scribe était l'outil,
Servile, obscur, n'ayant qu'un cloître pour domaine,
Serait l'essor ailé de la pensée humaine !
Livres, écrits savants, dont les plus familiers
Se traînent un par un, vont voler par milliers ;
La liberté se lève au souffle qui les porte,
L'ignorance s'éteint, la tyrannie est morte ;
Raison et vérité roulent, fleuve et torrent ;
Aux sillons que l'esprit va creuser en courant,
Pour les larges moissons le bon grain multiplie ;

3

Rien de grand ne se perd, rien de beau ne s'oublie ;
La lumière se fait ! A ce brillant matin,
La science nous sert l'universel festin.
Qui veut en prend sa part, qui veut en sort apôtre !
C'est un nouveau soleil, fait pour tous, comme l'autre.

PIERRE.

Admirable ! Pourtant...

GUTENBERG.

Je veux, cela sera.
J'ai l'idée et la foi...

PIERRE.

L'instrument ?

GUTENBERG.

Il suivra,
La faucille est bien près, quand la moisson est mûre.

PIERRE.

L'heure ?

GUTENBERG.

Je la sens proche. Elle n'est jamais sûre ;
Pour qu'elle sonne il faut...

PIERRE, riant.

Un hasard ?

GUTENBERG.

Pourquoi non ?
Le hasard ! c'est de Dieu peut-être le surnom.
Il vient prouver à l'homme, en brisant les obstacles,
Qu'il ne peut être seul pour ses propres miracles.
Quand une œuvre se lève, il prend sa dîme au seuil,
Et ce qu'il en réclame est de moins pour l'orgueil.
Tu vois que pour me suivre il faut la foi robuste,
Pierre...

PIERRE.

Je l'aurai...

GUTENBERG.

Bien ! qui sait attendre est juste,
Et comme on sait, après, tenir ce que l'on tient !

PIERRE, à part regardant du côté de la maison de Christine.

Füst a mis son fanal, bientôt Christine vient

Haut.

Adieu, maître.

GUTENBERG.

Bonsoir. Je pars aussi.

SCÈNE XIV

LES MÊMES, ENNA.

ENNA, qui a entendu, à Gutenberg.

Dans l'ombre !

Quand Ciappei, ses bandits...

GUTENBERG.

Je ne crains pas leur nombre.

ENNA.

Ils sont, j'en répondrais, embusqués près d'ici.

GUTENBERG.

J'ai bon bras, bonne épée et Dieu pour moi ! merci.

Il sort.

SCÈNE XV

ENNA, PIERRE.

ENNA, allant à Pierre qui rôde autour de la porte de Füst.

Tu ne suis pas celui que tu nommes ton maître?
Il est menacé...

PIERRE.

Lui ! par qui pourrait-il l'être ?

ENNA.

Des bandits !...

PIERRE.

Ce serait pour eux un mauvais cas.
Il défendrait trop bien... même ce qu'il n'a pas.

ENNA.

Aux périls des amis on répond par le doute
Je le vois. Va-t-en donc ! — Non, je t'en prie, écoute,
Là, tout près,..

PIERRE.

En effet.

ENNA,

Le cliquetis du fer !

PIERRE.

On se bat,...

ENNA.

On le tue !... Ah ! par ce qui t'est cher,
Cours,

PIERRE, s'élançant.

Oui... (Le bruit ayant cessé.) plus rien...

ENNA.

Fini !

SCÈNE XVI

LES MÊMES, GUTENBERG.

GUTENBERG, qui a entendu.

Certe, et tout à ma gloire !

Je n'aurai pas trop cher acheté la victoire.
Un gros de spadassins guettait au carrefour :
Je pouvais l'éviter, en faisant un détour,
Fi ! J'attaque, on répond, mais d'une main troublée,
Et j'ai bientôt raison de leur lâche mêlée.
Le chef résista seul, pied à pied, jusqu'au mur ;
Mais là, je le serrai de près ; d'un coup plus sûr,
Je fis sauter son arme, et lui laissai la fuite.

PIERRE.

Comment !

GUTENBERG.

Il fallait bien qu'il rejoignît sa suite.

PIERRE.

Avez-vous ramassé l'arme de ce brigand ?

GUTENBERG.

La voici... Mais, voyez, elle a rougi mon gant
Je l'aurai blessé...

PIERRE, regardant la garde de l'arme.

Tiens ! il a des armoiries.

ENNA, qui a regardé.

A part.

Les siennes !

PIERRE, riant.

Vous battez, maître, des seigneuries.

GUTENBERG, regardant la trace laissée par l'épée sur son gant.

C'est curieux !

SCÈNE XVII

LES MÊMES, DRIZEN.

DRIZEN, sortant.

Quel bruit auprès de ma maison,

A cette heure !

GUTENBERG, toujours à ses réflexions et regardant l'empreinte.

On pourrait !

PIERRE, lui présentant l'épée.

Voyez !

ENNA, plus bas.

C'est son blason !

GUTENBERG, de même.

Oh ! mon idée !

PIERRE.

Eh bien !

ENNA, à Gutenberg.

Écoutez.

GUTENBERG, de même.

Une étreinte,
Et comme un blanc vélin ce gant a pris l'empreinte !
Oui, sur ce cuir le sang comme l'encre a gravé.
Ce que je cherche est là.

DRIZEN, qui écoute.

Que dit-il ?

GUTENBERG.

J'ai trouvé !

FIN DU PREMIER ACTE.

ACTE DEUXIÈME

LA SCÈNE EST A STRASBOURG

Le théâtre représente une salle du couvent ruiné de la Montagne-Verte : à gauche une porte ouvrant sur le grand cloître, avec une madone au-dessus éclairée d'une lampe ; à droite un arceau en ruines, et au milieu, un débris servant de table.

———

SCÈNE PREMIÈRE

PIERRE, seul.

Oui, c'est là qu'ont passé les gens au manteau sombre
Que j'avais tant suivis. Mon maître était du nombre,
J'en réponds. Qui sont-ils ? Sous ces arceaux déserts
Si longtemps et si tard, que font-ils ? Je m'y perds.
On vient.

SCÈNE II

PIERRE, ENNA, CHRISTINE.

PIERRE, voyant Enna qui entre vivement.

Enna !

CHRISTINE, entrant de même.

Grands dieux !

PIERRE.

Quoi ! vous aussi, Christine !

CHRISTINE.

Voyez ces hommes noirs dont l'ombre clandestine
Glisse sous les flambeaux,.. Tout à l'heure...

Elle s'arrête suffoquée.

PIERRE.

Parlez...

ENNA, reprenant.

Tout à l'heure, là-bas, ils étaient assemblés,
Mornes, dans la ruine, au milieu du grand cloître,
Dont le deuil effrayant semblait encor s'accroître.
Ils jugeaient...

CHRISTINE.

Sans qu'on pût rien entendre...

ENNA.

Rien voir
Que l'éclair de leurs yeux sous le capuchon noir.
Le silence a grandi, la nuit s'est étendue
Plus sombre, et devant eux une ombre est descendue...

PIERRE.

Le coupable ?

ENNA.

Une torche éclaira sa pâleur.
« Malheureux, dit le juge, accepte ton malheur.
« On t'exile. Va, porte au loin ta félonie,
« Que la main du bourreau devrait avoir punie.
« Tous le demandaient, tous avaient crié : Mort ! — Non,
« Dit une voix, Ce mot t'a valu ton pardon.
« Tu vivras, mais déchu, car, par la Sainte-Vehme,
« Tribunal redouté de l'Empereur lui-même,
« Moi, maître Porte-glaive et juge Westphalien,

« Je te déclare indigne et je romps le lien
« Qui t'enchaîne à nous. Va ! » Puis, son épée est prise,
Le juge, à coups pressés, l'en soufflette et la brise,
Et sur le manteau noir montrant la rouge croix :
« Outrage qui la porte une seconde fois,
« Dit-il, on te tuera comme une bête immonde :
« Pars. »

PIERRE.

Que dit l'accusé ?

ENNA.

« J'ai le reste du monde ! »

CHRISTINE.

C'était Ciappei...

ENNA.

Lui-même...

PIERRE.

On sera délivré

De lui...

ENNA.

Pas encor.

PIERRE.

Mais...

ENNA.

L'infâme a murmuré

D'autres mots, et...

PIERRE.

S'il part ?...

ENNA.

La nuit n'est point passée,

Je crains...

PIERRE.

Serait-ce vous qu'il aurait menacée ?

ENNA.

Ah ! peu m'importerait ! C'est Gutenberg...

PIERRE.

Toujours !

Sa haine...

ENNA.

Est une haine aux éternels retours,
Gutenberg est le bien, lui le mal. Donc, la lutte
Sera sans fin. Puni, voyez s'il se rebute :
Il recommence avant de fuir...

PIERRE.

Pour se venger,

Que peut-il ?

ENNA.

Je ne sais, mais j'y vois un danger
Funeste, joint à ceux que court l'œuvre du maître,
Déjà...

PIERRE.

Des dangers ?

ENNA.

Oui...

PIERRE.

Faites-les-moi connaitre.

ENNA.

N'en savez-vous rien ?

PIERRE.

Non. Qui me les eût appris ?
Je fus absent deux mois. Mais je cours... à tout prix...

ENNA, le retenant, et bas.

Interrogez Christine.

Plus haut.

Adieu, car je m'attarde,

Et je dois l'avertir pour qu'il se tienne en garde...

PIERRE.

A le sauver ainsi...

ENNA.

Je mettrai tous mes soins,
Mon courage, mon cœur. Je ne puis faire moins :
Pour moi, c'est un prophète et son idée est l'arche,
A qui dois-je d'aller dans la route où je marche
Et de voir clair en moi par l'espérance ? A lui.
Je m'acquitte.

PIERRE.

Bien.

ENNA.

Mais il faudra m'aider...

PIERRE.

Oui.

ENNA.

Deux, nous serons assez contre le piége double.

PIERRE.

C'est dit !...

ENNA.

Je reviens, reste.

Elle sort.

SCÈNE III

PIERRE, CHRISTINE.

CHRISTINE, troublée.

Ah !

PIERRE.

Pourquoi ce grand trouble ?

Montrant la madone,

Sur vous la Vierge veille. Et quel gardien plus sûr,
Christine, que le cœur armé d'un amour pur
Comme le mien ? Il vaut tout : mère, sœur, aïeule...

CHRISTINE.

Vous croyez ?...

PIERRE.

Oui...

CHRISTINE.

Pourtant, j'ai moins peur toute seule.

Elle veut sortir.

PIERRE, *l'arrêtant encore.*

Ce que vous craignez, c'est ma curiosité,
Curieuse...

CHRISTINE.

Moi, non. Est-ce la vérité
Sur ma venue ici qu'il vous faut ? Enhardie
Par Enna, j'accourus, peut-être à l'étourdie,
Mais c'était un mystère, on ne pouvait nous voir,
Et je n'ai jamais peur quand je veux tout savoir.

PIERRE.

Soit... Mais cette autre affaire où mon maître ?...

CHRISTINE.

Oh ! c'est grave,
Cela... Je crois du moins...

PIERRE, *l'arrêtant toujours.*

Puisque vous êtes brave...

CHRISTINE.

Pour savoir, oui, mais non pour dire...

PIERRE.

Allons...

CHRISTINE.

Eh bien !

Vous souvient-il du soir où cet Italien
Tenta le coup maudit suivi de sa déroute,
Et qui bientôt trahi l'a fait punir ?

PIERRE.

Sans doute.

CHRISTINE.

Juste le lendemain, Drizen vint au logis :
« Füst, il est temps, dit-il, d'agir vite, et j'agis
« Si vous me secondez. L'homme est à nous, compère. »

PIERRE.

Qui ça, l'homme ?

CHRISTINE.

Attendez ! .« Nous le tenons, j'espère, »

Ajouta-t-il, « j'ai su qu'il méditait un plan
« Superbe, et je l'ai pris dans son premier élan. »

PIERRE, bas.

L'homme ! C'est mon grand homme !

Haut.

Après...

CHRISTINE.

« Si j'ai votre aide, »

Continua Drizen, « c'est fait ! »

PIERRE, avec l'air du doute.

Oh !

CHRISTINE.

« Pour qu'il cède, »

« Il faudra le flatter, l'entourer. Tout va bien
« Quand on promet beaucoup et qu'on n'engage rien. »

PIERRE.

Puis...

CHRISTINE.

Tout marcha...

PIERRE.

Comment?

CHRISTINE.

Si bien qu'il signa l'acte.

PIERRE.

Un acte! avec eux?

CHRISTINE.

Oui.

PIERRE.

J'aimerais mieux un pacte
Avec le diable.

CHRISTINE.

Mais ils ont promis de l'or,
Beaucoup.

PIERRE.

Promis! Ont-ils donné?

CHRISTINE.

Non, pas encor,
Ils ont une idée.

PIERRE.

Ah!

CHRISTINE.

Qui centuple la sienne.

PIERRE, ironiquement.

Comme profit?

CHRISTINE.

Sans doute. « Il faudra qu'il y vienne,
« Nous donnerons après, » criait Drizen hier.
C'en est là.

PIERRE.

Confiant à force d'être fier,
Pauvre maître! il ne peut admettre que l'on craigne

Qu'on puisse être trompé par ce que l'on dédaigne,
Et qu'un rien jette à bas qui court trop en avant.
Ah ! que n'étais-je ici ! Chez vous il vint ?

CHRISTINE,

Souvent.

PIERRE,

Et n'avoir, au retour, rien su de ce mystère,
Rien, pas même par vous !

CHRISTINE.

C'est qu'il fallait me taire.

PIERRE,

Après tout, est-ce sûr ?

CHRISTINE.

Par exemple !... Tenez,
Autre preuve : ce cloître aux arceaux ruinés,
Est leur lieu de conseil !...

PIERRE.

Ceci veut qu'on le croie :
Les vieux murs plaisent fort à ces oiseaux de proie.
Je me rends.

CHRISTINE.

C'est heureux. Et pour le reste ?

PIERRE.

Aussi.

CHRISTINE.

Enfin.

PIERRE,

Que voulez-vous ? Tant de choses ici
Se croisent à la fois, dont l'esprit se déroute,
Que l'on ne s'en repose un peu que par le doute.

SCÈNE IV

LES MÊMES, GUTENBERG, au fond, sans être vu.

PIERRE, continuant.

Quels périls !

CHRISTINE.

Le plus grave aura bientôt cessé
Quand Ciappei...

PIERRE.

Dites-moi, qui donc l'a dénoncé ?

CHRISTINE.

Enna...

PIERRE.

Je m'en doutais...

GUTENBERG, à part.

C'est donc vrai! Malheureuse !
Trop aveuglée encor pour être généreuse !

PIERRE.

Elle a trahi le traître...

CHRISTINE.

Il est heureux, ma foi !
Qu'un des juges dit : Non.

PIERRE.

Lequel était-ce ?

GUTENBERG.

Moi...

CHRISTINE, s'enfuyant.

Ah !

SCÈNE V

PIERRE, GUTENBERG.

PIERRE.

J'en étais certain, vous étiez là...

GUTENBERG.

Silence !

Oui, j'étais avec eux tenant glaive et balance,
Au prétoire sanglant, de lui-même étonné :
C'est la première fois qu'il avait pardonné.

PIERRE.

Quoi ! là, pas un seul cœur ému qui compatisse !
Quel tribunal !

GUTENBERG.

Injuste à force de justice.

Aussi, pour l'obliger à se faire clément,
Ne fût-ce qu'une fois, j'ai surpris le moment
Où j'obtiendrais le droit, juge en ma propre injure,
D'avoir de la pitié sans paraître parjure.

PIERRE.

C'est un pardon de plus, qui vous aura vengé,
Mais vous, maître, comment avez-vous là siégé ?

GUTENBERG.

Tout mystère est visible à qui s'en fait le prêtre,
Je fus juge, avec eux, afin de les connaître :
A mon œuvre il faut l'homme et ses mille secrets,
Je n'ai rien redouté pour les voir, et de près.
J'ai vu : patricien, dans les cours féodales,
Tout, depuis leurs fiertés jusqu'à leurs bas scandales ;

4

Soldat, gloire et périls par des pleurs achetés ;
Et savant, la science avec ses vanités.
J'ai vu le peuple aussi, dont m'approchait ma mère,
Et chez qui, rien, surtout la douleur, n'est chimère.
Lorsque plus près du sien mon malheur m'eut jeté,
Je le sentis souffrant plutôt que révolté.
Un peu de vrai savoir, domptant son ignorance,
Lui serait pour le reste un appoint d'espérance :
Il l'aura ! — Donc chez tous, et degré par degré,
A mon œuvre pour tous je me suis préparé.
J'allais du peuple aux rois, des palais aux décombres,
Cherchant tous les rayons, sonder toutes les ombres.

PIERRE.

Dans ces mondes mêlés, quelques juifs ténébreux
Glissent. Sans être pris, ils prennent. Tout pour eux
Est bon. Ils vont rampant guetter l'or... ou l'idée.

GUTENBERG, à part.

Sait-il...?

PIERRE, insistant.

Plus d'une ainsi sera dépossédée.

GUTENBERG.

Qui t'a dit...?

PIERRE, vivement.

C'est donc sûr ! Ils ont votre secret ?

GUTENBERG.

Pourquoi non ?

PIERRE.

Vous l'avez livré !... Leur piége est prêt.

GUTENBERG.

Je veille...

PIERRE.

Ils veillent mieux. Ah ! les voir là !...

GUTENBERG.

Qu'importe!

Quand la reine est debout, regarde-t-on l'escorte?
Et mon idée est reine...

PIERRE.

Isolée au sommet,

Sans voir qu'on a déjà pris ce qu'elle promet.
En échange, qu'ont-ils? Un peu d'argent...

GUTENBERG.

Sans doute,

Mon œuvre en a besoin...

PIERRE.

Vous verrez ce qu'il coûte.

GUTENBERG.

Non, je verrai bientôt cet or purifié,
Mon idée agrandie...

PIERRE.

Et vous, sacrifié...

GUTENBERG.

Moi!

PIERRE.

Vous aurez chez eux des épreuves cruelles,
Maître; votre génie y laissera ses ailes.
Il voudra résister, redeviendra rétif.
Trop tard!... il y mourra comme un aiglon captif.

GUTENBERG.

Crois-tu?... J'y vais songer.

PIERRE.

Ce mot me rend courage.

Par un doute plus long je vous ferais outrage.
Merci.

Il sort.

SCÈNE VI

GUTENBERG, puis ENNA.

GUTENBERG.

Dit-il vrai? Non. Au faîte souverain,
Mon œuvre ne doit pas redouter un tel frein.
Feu, qui sans consumer, éclaire et purifie,
Ces ténèbres d'en bas, sa clarté les défie.

ENNA, qui est entrée depuis un instant.

Oui, mais ils ont déjà retourné le flambeau.

GUTENBERG.

Encor!

ENNA.

Dans ton nid d'aigle a perché leur corbeau.

GUTENBERG.

D'où vient...?

ENNA.

Sais-tu, parmi les fables de Planude,
Celle de la Parole? En voici le prélude...

GUTENBERG.

Que me font ici fable, et légende et chanson?

ENNA.

Chanson, légende ou fable, écoute la leçon :
« La parole, disait un noble et fier apôtre
« Comme toi, c'est le bien. — C'est le gain, dit un autre.
« — Sa monnaie est l'esprit, les discours, les beaux vers,
« Le vrai sur l'effigie — et le faux aux revers.
« — Elle jette en rayons, que le livre prolonge,
« Les saines vérités — ou l'utile mensonge. »

Et tous deux y voyaient, livrés à leur instinct,
L'un pour tous le progrès ; l'autre un or clandestin.

GUTENBERG.

Eh bien ?

ENNA.

Comprends-tu ?

GUTENBERG.

Non... Ce conte... ?

ENNA.

Est votre histoire,
A vous trois... Ils t'ont pris...

GUTENBERG.

Lorsque j'y pourrai croire,
J'aurai bientôt brisé...

ENNA.

C'est toi qu'ils briseront...
Prends-y garde.

GUTENBERG.

Mon œuvre...

ENNA.

En portera l'affront.

GUTENBERG.

Comme cette herbe, où meurt le serpent qui s'y cache,
Ou le sandal qui tombe en parfumant la hache,
Elle triomphera de ce qui l'étouffait,
Et même ses bourreaux en auront le bienfait !
Je ne crains rien. Peut-on fausser ce que j'invente,
D'ailleurs, changer mon but ?

ENNA.

Leur ruse est bien savante,
Et bien fertile !...

GUTENBERG.

Assez...

ENNA.

Ciappei, qui n'a pas fui,
Peut...

GUTENBERG.

Tu le dénonças et tu parles de lui?
La trahison toujours vous laisse de sa fange.

ENNA.

Bien venger anoblit, et c'est toi que je venge.
Tant qu'il se prit à moi, le dédain m'a suffi,
Chaque menace avait ma haine pour défi.
Ce n'est que lorsqu'à toi monta sa félonie,
Que je fus lasse enfin, et la voulus punie.
Le savais-tu?

GUTENBERG.

Je sais qu'allant tout révéler,
Tu m'avais donné part au sang qui dut couler.
Une goutte, et c'est trop.

ENNA.

Mais c'est un droit...

GUTENBERG.

Extrême.

Ne le prends plus pour qui n'en voulut pas lui-même.

Il sort.

SCÈNE VII

ENNA, seule.

Eh bien, non! généreuse on est lâche. Israël
Se vengeait, je le dis par Judith et Jahel;

Je serai donc ici, quelque sort qui me suive,
Chrétienne pour t'aimer, et pour te venger juive.
Je m'attache d'abord au traître qui t'a nui,
Et ne le quitte pas jusqu'à ce qu'il ait fui.

SCÈNE VIII

ENNA, DRIZEN.

ENNA.

On vient. Drizen! Pourquoi, dans ce cloître, à cette heure?
Je n'ose deviner sans que mon âme en pleure.
Du passé de son cœur j'ai cru qu'on triomphait,
Non. Le mal qu'il veut faire et le bien qu'il m'a fait
Luttent pour me troubler. — Soit! j'accepte la lutte.
Je te suivrai, Drizen, pour arrêter ta chute,
Et, t'éclairant la route, où tu ne sais pas voir,
Je t'apprendrai l'honneur en faisant mon devoir.
Partout, je préviendrai l'instinct qui te conseille :
Comme pour Gutenberg, c'est pour toi que je veille.

SCÈNE IX

LES MÊMES, FÜST, entrant.

ENNA, l'apercevant.

Füst!... Ah! c'est un complot, bien sûr. Que trament-ils?

FÜST, à Drizen.

Il est à nous...

ENNA.

C'est lui qu'ils attendent. Périls

Sur périls ! Quel choisir ? Ciappi. Mais reviendrai-je
Encore assez à temps contre cet autre piége ?
J'espère...

SCÈNE X

FÜST, DRIZEN.

DRIZEN.

Il tarde bien.

FÜST.

Non, il me suit de près.
Mais j'ai cru que jamais je ne l'y résoudrais.

DRIZEN.

Que se passe-t-il donc ?

FÜST.

Je ne sais trop, mais gare !

DRIZEN.

Enfin que craignez-vous ?

FÜST.

Je crains qu'on ne l'égare...
On l'éloigne de nous par des avis mauvais.

DRIZEN.

Dire du mal de nous ! qui ?

FÜST.

Si je le savais !

DRIZEN.

Qu'importe ! L'acte est là dans la bonne formule,
Sans un doute à lever, sans clause qui soit nulle,
Avec griffe et paraphe, enfin, *et cætera.*

FÜST.

Et quand cet autre écrit bientôt lui prouvera
Que toute son idée à son vrai point réduite
Doit être par nous seuls à notre but conduite,
Que la pousser trop haut serait pour l'égarer ;
Que sur le produit seul il la faut mesurer,
Et que, riche, elle peut se passer d'être grande...

DRIZEN.

Il faudra bien de force ou de gré qu'il se rende !

SCÈNE XI

LES MÊMES, GUTENBERG.

GUTENBERG.

Tous deux ! Bien. Nous allons en finir, n'est-ce pas,
Cette fois ? Il le faut.

FÜST.

Sans doute, mais plus bas.

GUTENBERG.

Non, plus de mystère...

DRIZEN.

Ah !

GUTENBERG.

La vérité s'explique
Haut, devant tous. Mon œuvre est sa place publique.

FÜST.

Ce cloître...

GUTENBERG.

Elle y resta trop longtemps à l'écart,
Vengeons-la maintenant de l'ombre et du retard.

Lettre de vie, on rend le livre lettre morte.
Quel est-il, en effet, pour que l'idée en sorte?
Chez le riche un joyau d'oisif, où, flattant l'œil,
Rien n'est pour le savoir, et tout reste à l'orgueil ;
Chez le pauvre, au contraire, un infime grimoire,
Sur lequel le copiste a vidé l'écritoire
En mots hâtés, obscurs, griffonnés à moitié :
Car le peuple jamais n'a rien que par pitié,
Et le savoir, qu'en lui sans doute on appréhende,
Plus encor que le pain, chacun le lui marchande.
Donc : le beau livre ici, l'abject à l'autre bout,
L'utile nulle part ; je le mettrai partout.
Il faut pour cet essor de la lettre vivante
Un outil qui supplée à la main : je l'invente.
Le docteur des docteurs, Aristote, voulait
Que l'homme pût un jour se passer de valet,
Et que tout au logis se fît sans chambrière :
La navette, à son gré, se passait d'ouvrière,
Le bateau de rameur, la cithare d'archet.
Ce que le Stagyrite en s'amusant cherchait,
Je l'ai. Ce qu'il rêvait comme un miracle arrive
Pour le livre : il naîtra sans plume qui l'écrive.
Je taille lettre à lettre, et découpe en plein bois
Des alphabets nombreux, et quand tous, sous mes doigts,
Triés, groupés, rangés avec un ordre habile,
Ont aligné des mots en un cadre immobile,
Je les pose, noirs d'encre, ou rouges de carmin,
Sous le papier humide, ou le blanc parchemin.
La vis, qui saisit tout de sa robuste étreinte,
Se serre, et le feuillet pressé reçoit l'empreinte :
L'effort renouvelé renouvelle l'effet,
Une page suit l'autre, et le volume est fait.

Sans dépense de temps, ni d'or, la force plie
Sous l'idée, et partout à tous la multiplie.
Pour rien, j'offre au banquet où chacun peut s'asseoir
Le vin de vérité jailli de mon pressoir.

DRIZEN.

Dépenser peu, bien ; mais vendre au même prix, l'offre
Serait d'une dupe, et...

FÜST.

Qu'en dirait notre coffre ?

GUTENBERG, avec ironie.

Votre conscience.

DRIZEN.

Ah !

GUTENBERG.

Tout calcul puéril
Est retard. L'heure presse en ces temps de péril,
Agissons. De son œuvre on devient redevable :
Mourir sans la livrer, c'est mourir insolvable.
La dette est là. Le soir qu'on osa m'assaillir,
Je n'avais qu'une peur, la crainte d'y faillir.
Pour rompre avec ce soin, dont j'ai l'âme obsédée,
J'ai voulu qu'un écrit, testament de l'idée,
L'expliquât. Le voici.

Il met un rouleau de parchemin sur le fragment de ruine qui est au milieu de la scène.

Dès lors il adviendra
De moi, cela sauvé, ce que le ciel voudra.

FÜST, avec convoitise.

C'est le plan complet...

GUTENBERG.

Tel qu'il faut qu'il s'exécute.

DRIZEN, tirant un écrit.

Sauf observations...

FUST, sur un mouvement de Gutenberg.

Vous souffrez qu'on discute?

GUTENBERG.

Sans doute, quoiqu'après tant d'assidu travail,
Je dusse espérer...

DRIZEN.

Oh ! ce n'est rien qu'un détail...

FUST.

Sur quelques points compris mieux à notre manière.

DRIZEN.

Des remarques...

GUTENBERG, prenant l'écrit.

Voyons.

Après avoir lu.

J'accepte la première.
« J'aurais tort de tailler en bois les alphabets. »
Oui, mais l'obstacle est là; toujours j'y retombais
Et sans qu'il fût franchi. Pourra-t-il jamais l'être?
Le bois suffit d'abord. — Ah ! pour fondre la lettre
Il faudrait un métal souple et fort, ferme et doux.
L'aurai-je?...

FUST.

C'est votre art, et l'on s'en fie à vous...

DRIZEN.

Témoin ce faux argent, à la blancheur si nette,
Qu'on donnerait pour vrai si l'on n'était honnête.

GUTENBERG, réfléchissant toujours.

Oui, j'aurai ce métal tôt ou tard, à tout prix.
Mais poursuivons.

Il reprend l'écrit que lui a donné Drizen.

DRIZEN, bas à Füst.

C'est là qu'il va pousser des cris !

FÜST.

J'en ai peur.

DRIZEN.

Tenons-nous, nous le tiendrons.

SCÈNE XII

LES MÊMES, ENNA

ENNA, à part, regardant vers le côté d'où elle vient.

L'infâme,
Comme l'oiseau de nuit tourne autour de la flamme,
Rôdait par ici... Mais, se voyant observé,
Suivi de près, il part ; et le maître est sauvé.

Regardant du côté où sont Füst, Drizen et Gutenberg.

Tous trois sont encor là ! Surveillons bien.

GUTENBERG, lisant toujours.

Suis-je ivre ?
Suis-je possédé, fou ? Non ; j'ai bien lu : « Le livre
« Qu'avec ces instruments, et grâce à tous ces soins,
« Nous obtiendrons, sera si parfait de tous points ;
« Le texte du copiste, adopté pour modèle,
« Y sera reproduit par un art si fidèle,
« Que, ne distinguant pas le vrai d'avec le faux,
« On pourra tous les deux les vendre au même taux.
« Quel gain ! Ces manuscrits, qu'un métier symétrique
« Et lent donne un par un, nous en tiendrons fabrique
« Par milliers, et, bien gras près du copiste à jeun,
« Nous en vendrons cinq cents pendant qu'il en fait un ! »

Misérables! quel piége! Et l'on m'y veut complice.
Ils ont mis cette boue au fond de mon calice.
Je comprends enfin l'ombre où mon art étouffait,
Et pourquoi sans retard ils le veulent parfait,
C'est pour qu'il trompe mieux en pleine confiance.

Allant à Füst et à Drizen.

On ne voit que chez vous tant d'horrible science,
D'imprévu dans le mal, le mensonge et le dol!
Où l'on crée un bienfait, ils inventent un vol.
Et, naïf, je pensais, pour eux en soit la honte!
Que de pareils instincts sont de ceux que l'on dompte.

FÜST, bas à Drizen.

Il va nous échapper...

GUTENBERG.

　　　　　　Plutôt que mes secrets
Tombent en ces mains-là, tous je les détruirais.

FÜST, regardant l'écrit posé sur la pierre, et le montrant à Drizen.

Ah!

DRIZEN, bas à Füst.

J'entends; c'est dit.

FÜST, de même.

Bien.

GUTENBERG.

　　　　　　Apostat de moi-même,
Si, remplaçant vertu, foi, par un seul blasphème,
Je voulais travestir mon œuvre...

ENNA, suivant des yeux Füst et Drizen.

　　　　　　Où vont-ils là?

GUTENBERG.

Je n'inventerais rien de pareil à cela.
Éclaireur et sauveur, ils me veulent corsaire,
Oui, de ma propre idée ils me font le faussaire!

ENNA, se glissant jusqu'à Gutenberg.

Veillez !

Elle s'éloigne.

FÜST, se précipitant du côté où l'on a entendu la voix d'Enna.

Trahison !

DRIZEN, de même.

Oui !

GUTENBERG, les arrêtant.

J'exige vos respects
Pour qui m'avertit. Seuls, vous seuls m'êtes suspects.
Avec vous plus rien...

FÜST.

Mais...

GUTENBERG.

Je romps ce qui m'attache.
Sur moi ne jetez plus un reflet qui me tache.

FÜST.

Et ces engagements?...

GUTENBERG.

La fourbe les rend nuls.

DRIZEN, bas à Fust.

N'y tenons pas.

GUTENBERG.

L'esprit se souille à vos calculs
Et la main à votre or. Je retire la mienne.
Adieu. Sans espérer que jamais j'y revienne,
Car j'y vois trop partout les intérêts trahis
Du grand, du vrai, du bien, je quitte ce pays.
Maudit, il lasserait la vertu d'un prophète.
Qu'y trouvai-je en effet? L'indifférence au faîte ;
Plus bas : des imposteurs, des traîtres, des jaloux ;
Enfin, encor plus bas, des marchands comme vous.

Je vais reprendre au loin mes courses incertaines.
J'aurais, aux temps anciens, gagné la libre Athènes,
Et de son Parthénon l'idée eût pris l'essor.
A présent où courir? Ah! j'ai Venise encor,
Venise république! Allons.

DRIZEN.

Bien. Qu'il s'y brise!

FÜST.

Paris vaut mieux. J'en sais assez pour l'entreprise.

FIN DU DEUXIÈME ACTE.

ACTE TROISIÈME

LA SCÈNE EST A VENISE.

Le théâtre représente la petite place Saint-Moïse.
A droite, un étal de librairie, avec une enseigne portant ce nom : ALDO.

SCÈNE PREMIÈRE

CIAPPEI, ALDO.

CIAPPEI, après s'être promené quelques instants, plongé dans ses
réflexions, regardant l'écriteau du coin.
Place de Saint-Moïse.

Regardant l'enseigne.
Aldo. Ce qu'il faut voir
Est ici.

Allant vers Aldo, qui est devant son étal.
Vous passez pour homme de savoir,
Maître marchand.

ALDO.
Peut-être est-ce trop qu'on le dise.
Mon zèle à bien servir fait seul ma chalandise,
De la place Saint-Marc au pont du Rialto,
J'ai tout : livres permis...

5

Plus bas.

livres sous le manteau,

Chut !

CIAPPEI.

J'ai compris.

ALDO, à part.

Pas un qui n'aille à cette amorce !

Haut, montrant plusieurs volumes.

Bien couverts !

CIAPPEI.

Peu m'importe.

ALDO, à part.

On fait fi de l'écorce
Pour le fruit défendu.

Haut.

Sans être des savants,
Je sais lire assez bien les livres que je vends,
Et puis expliquer...

CIAPPEI, avec impatience.

Bien...

ALDO.

Que veut Sa Seigneurie ?

De la piété ?

CIAPPEI, haussant les épaules.

Non.

ALDO.

De la chevalerie ?

CIAPPEI, plus impatienté.

Eh ! non.

A part.

Encore moins. Que me rappelle-t-il ?

S'éloignant.

Adieu.

ALDO, le rappelant et plus bas.

J'ai le *Traité* que le docteur Subtil
A fait de la magie, et, pour les sortiléges,
De quoi fournir Satan avec tous ses collèges.

Voyant Ciappei plus attentif.

Parmi les moins connus, *rariorum rari*,
Voyez ceci qu'un moine apostat des *Frari*
M'a copié. L'auteur est Anselme de Parme.
On y peut tout apprendre : évocation, charme,
Et quel jour de la lune, à quelle heure, en quel lieu,
On doit — après avoir d'abord renié Dieu
Et blasphémé sans peur tout ce qui fait son culte —
Voir le diable apparaître, et ce qu'il en résulte.
C'est terrible, dit-on, mais les profits sont grands ;
Le livre n'omet rien du détail.

CIAPPEI.

Je le prends.

Combien ?

ALDO.

Cent scudi.

CIAPPEI.

Mais ce prix-là...

ALDO.

N'est qu'honnête,

Messire ; à ce commerce on hasarde sa tête,
Puis son âme là-haut...

CIAPPEI.

Et je dois tout payer.

Il met une bourse sur l'étal.

ALDO, *montrant un autre livre.*

Le prix de celui-ci va moins vous effrayer...

CIAPPEI.

Beau volume pourtant.

ALDO.

Des autres il diffère.

CIAPPEI.

En quoi?

ALDO.

Je ne sais, mais c'est sûr.

CIAPPEI.

Étrange affaire !

ALDO.

En effet. L'inconnu qui me le mit en main
Fut muet sur son art... Je cherche...

CIAPPEI.

Et l'examen?

ALDO.

—Nul... « On vendra ce livre, — ainsi parla mon homme, —
« Dix fois moins cher qu'un autre, et je veux que la somme
« Reste fixe. Mon but — j'ai moins encor compris —
« Est, a-t-il ajouté, de vendre au plus bas prix. —
« Mais le gain? dis-je. — Il est — ceci touche au délire —
« Dans le profit que tous trouveront à le lire. »
Sont-ce pas là raisons à crier casse-cou !
Pour moi, je n'y vois goutte, et crois pour le moins fou
Qui va chercher son gain hors de l'argent qu'il gagne.

CIAPPEI, *qui écoute avec la plus grande attention.*

Quel air a-t-il ?

ALDO.

Grand air.

CIAPPEI.

Il venait?

ALDO.

D'Allemagne.

CIAPPEI.

Ah!... De quelle partie?

ALDO.

Il est sur son terrain
S'il parle de Strasbourg ou des villes du Rhin.

CIAPPEI, à part.

C'est lui, je m'en doutais. Je ressaisis sa piste.

Frappant sur le livre.

Et voilà son secret.

Haut.

Le travail du copiste
Peut souffrir de ceci. C'est un concurrent...

ALDO.

Oui.

CIAPPEI.

Votre homme est en péril d'ameuter contre lui
Les gens du métier...

ALDO.

Bast! Ils sont sans défiance.
Qui donc les convaincrait qu'industrie ou science
Va contre eux engager la lutte à prix si bas,
Que leur plume aux abois ne la soutiendrait pas?
Personne.

CIAPPEI, à part.

Je m'en charge.

Haut.

Et sur son art, mystère?...

ALDO.

Absolu ! Cependant, quoiqu'il veuille s'en taire,
D'autres ont le secret.

CIAPPEI.

Qui donc ?

ALDO.

Hier, j'appris,
Par un fort gai compère arrivé de Paris,
Que deux hommes là-bas, de pareille origine...

CIAPPEI, à part.

Füst et Drizen, sans doute.

ALDO.

Et de moins fière mine,
Faisaient, boutique ouverte, hardiment, en public,
Et non sans gros profits, un semblable trafic,
Quand tout à coup, alors que chacun allait mordre,
Plus ardent que jamais, à l'appât, vint un ordre
De Louis onze — qu'on dit un assez méchant roi —
Pour tout saisir : marchands, marchandise...

CIAPPEI.

Pourquoi ?

ALDO.

Soit qu'il ne sache rien, ou soit plutôt qu'il n'ose,
Là dessus, le compère est resté bouche close.

CIAPPEI.

Ceci tournera mal.

ALDO.

Hein !

CIAPPEI.

J'y flaire, entre nous,
Plus d'un péril.

ALDO.

Lesquels.

CIAPPEI.

La magie est dessous.

ALDO.

Vous croyez !

CIAPPEI.

A part.

Oui. Du moins, j'ai besoin qu'on le croie.

ALDO.

Faisant le geste de le jeter,

Ce livre vient du diable! Alors je l'y renvoie.

CIAPPEI.

Vous vendez pourtant...

ALDO.

Oh ! tout peut s'associer :

Je vends de la magie, et j'ai peur d'un sorcier !

Plus bas.

Ce que je crains surtout, Seigneur, c'est le scandale,
Mais s'il vous faut encor des livres de Kabale !...

SCÈNE II

LES MÊMES, ENNA, CHRISTINE.

ENNA, qui est entrée depuis un instant, à part.

Que dit-il ?

CIAPPEI, à Aldo, tirant le livre qu'il a acheté.

Je m'en tiens, pour l'heure, à celui-ci.

ALDO.

Cachez ! c'est un danger...

CIAPPEI, à part.

Et c'est une arme aussi,
Un piége, on le verra bientôt.

Il s'éloigne, Aldo rentre dans sa boutique.

SCÈNE III

ENNA, CHRISTINE.

ENNA, qui a vu Ciappei presque en face lorsqu'il s'est retourné pour
sortir.

J'en suis certaine,
C'est lui...

CHRISTINE.

Qui?

ENNA.

Même ici je retrouve la haine!

CHRISTINE.

Serait-ce encor Ciappei?

ENNA.

Lui-même.

CHRISTINE.

Non! Pourquoi
Serait-il à Venise?

ENNA.

Enfant!... J'y suis bien, moi.
Sans changer de malheur, j'aurai changé de route.
Ce qui me convaincrait, s'il me me restait un doute,
C'est ce qu'il disait là de ces livres maudits,
Qu'il voulait autrefois trouver en nos taudis.

Le voilà donc tombé de la dernière cime,
Au fond d'une science, où commence l'abîme.

CHRISTINE.

Quand tout l'inviterait encore à revenir
Vers cette foi, qui sait mieux aimer que punir.

ENNA.

Les Anges te berçaient aux clartés de leurs nimbes,
Quant moi, fausse chrétienne, échouée en mes limbes,
Folle, je résistais à cette loi d'amour...

CHRISTINE.

Mais elle vous possède à présent?...

ENNA.

Sans retour.

Les périls m'ont sauvée. Ah ! lorsque j'énumère
Nos jours, depuis un an : tous ont une heure amère.
Quelle entreprise aussi !

CHRISTINE.

Coupable ?

ENNA.

Leur danger,

Enfant, me défend même ici de les juger.
Ce qu'on acquiert ainsi beaucoup trop cher se paye
Plus tard : ils l'ont appris.

CHRISTINE.

Comme ce qu'on essaye

Réussit mieux au loin, au loin ils sont allés
Trop sûrs de ce trésor...

ENNA, à part.

Dont ils volaient les clés !

Haut.

Je conseillais en vain. On va jusqu'aux abîmes
Par devoir ; fille, épouse ensemble nous suivîmes.

CHRISTINE.

Pierre aussi...

ENNA.

Par amour, ce fut le plus heureux :
Il trouvait, chère enfant, du courage en tes yeux.

CHRISTINE.

Et vous ?

ENNA.

Dans sa pensée, à lui, qui la première,
En m'éclairant le cœur, me montra la lumière.
Par l'admiration, que rien ne peut ternir,
Il m'a mise en la route où je me veux tenir :
Comme s'il était là, je vais, je le suis, prête...

CHRISTINE.

A vous sacrifier...

ENNA.

Toujours. Je ne regrette
Que de n'avoir pas su le faire encor mieux voir,

CHRISTINE.

Pour Drizen, à Paris ?...

ENNA.

C'eût été mon devoir...

CHRISTINE.

C'eût été la prison, comme pour eux ; ensuite
Le supplice peut-être. Ah ! mieux valut la fuite.
Avez-vous oublié les menaces, les cris ?
Tous ces bourgeois — qui sont fort méchants à Paris —
Vociféraient : A mort ! ces juifs et leur séquelle !
Sans en dire la cause et nous cherchons laquelle.
Le soir, un sergent d'arme était venu saisir
Mon grand-père et Drizen « par ordre et bon plaisir. »
Nous allions suivre en pleurs : « Non ! leur sort me regarde, »

Dit une voix, « je prends ces femmes sous ma garde. »
Le bourgeois — un bon cœur celui-là — qui parlait,
Et devant qui l'archer plia comme un valet,
Était un gai luron, ami du populaire,
Et du prince, à qui Pierre avait si bien su plaire,
Qu'il nous fit un abri de sa franche amitié.

ENNA.

Il fut notre sauveur...

CHRISTINE.

       Et non pas à moitié,
Ayant eu de son roi, qui le trouve de mise,
Même en de hauts emplois, un ordre pour Venise,
Il nous prit du voyage...

ENNA.

       Et brave, hospitalier,
Il nous fut jusqu'ici refuge et bouclier.

SCÈNE IV

LES MÊMES, PIERRE.

PIERRE, qui a entendu.

Vous parlez de Jenson ?

CHRISTINE.

    Oui.

PIERRE.

       Voici qu'une autre aide
Nous vient : grand cœur aussi, qui pour rien ne lui cède,
Franc, loyal, noble...

ENNA.

    Enfin?...

PIERRE.

Gutenberg est ici.

ENNA.

Lui !

CHRISTINE.

Comment !

ENNA.

Est-ce vrai ?

PIERRE.

J'en suis sûr, Dieu merci !

ENNA.

De qui le savez-vous ?

CHRISTINE.

Oui.

PIERRE.

De Jenson lui-même,
Qui, d'après nos récits, sans le connaître l'aime.
Par aventure, hier, étant aux *Quaranta*,
Pour s'enquérir, suivant l'usage, on lui conta
Que celui dont tous deux nous recherchions la trace,
Sire Jean Gutenberg, noble venant d'Alsace,
Était réellement à Venise, en secret,
Mais pas si bien caché pourtant qu'il le voudrait,
Puisqu'on savait de lui tout, même sa demeure.
Jenson me l'indiqua, je m'y rendis sur l'heure.
Absent !

ENNA, avec chagrin.

Ah!

PIERRE.

Mais deux mots qu'en hâte je laissai.
Lui doivent expliquer tout ce qui s'est passé,
Et mon désir qu'une heure au plus tôt nous rapproche,

Pour lui dire à plein cœur ce que je me reproche :
Mon départ avec vous, qui fut un abandon.
Viendra-t-il ?

ENNA.

Croyez-le.

PIERRE.

S'il vient, c'est le pardon.

ENNA.

Il viendra.

PIERRE.

C'est ici que j'ai promis d'attendre...

ENNA.

Dès l'abord, parlez-lui des piéges qu'on peut tendre.

PIERRE.

Encor !

ENNA.

Plus que jamais. Qu'il se garde avec soin.
Son mortel ennemi...

PIERRE.

Ciappei ?

ENNA.

N'est pas bien loin.

PIERRE.

Ce maudit, à Venise !

ENNA.

A Venise !

PIERRE.

Folie !

ENNA.

L'Allemagne a rendu le monstre à l'Italie.
Je l'ai vu, là.

CHRISTINE.

C'est vrai.

PIERRE.

Soit !

ENNA.

D'ailleurs avant peu,
Comme un embrasement nous révèle le feu,
Et l'herbe, autour séchée, un serpent sous la roche,
Quelque soudain péril nous dira son approche.

PIERRE.

On vient...

ENNA, vivement.

A part.

C'est Gutenberg ! Qui me dira pourquoi ?
Le bruit de son pas même a des échos en moi.
Ah ! lui parler ! — Plus tard ; car d'abord je dois être
Où je puis devancer les menaces du traître.

Elle sort avec Christine.

SCÈNE V

GUTENBERG, PIERRE.

PIERRE.

Quelle joie à vous voir ! Vous m'avez répondu,
Et je retrouve encor...

GUTENBERG.

Tu n'avais rien perdu.

PIERRE.

Votre chère amitié, vous daignez me la rendre ?

GUTENBERG.

En me serrant la main, tu viens de la reprendre.
Le devoir à ton âge est d'être un amoureux.

PIERRE.

L'ami...

GUTENBERG.

Viendra plus tard. Je le suis pour tous deux.
Ta lettre sur Emma, sur Christine, et toi-même,
M'a bien tout expliqué, mais il reste un problème...

PIERRE.

Sur Drizen et sur Füst?

GUTENBERG.

Oui. J'ai fort bien compris
Pourquoi, sans perdre temps, ils gagnèrent Paris :
C'est un lieu favorable. On y peut, grâce au nombre,
Mettre sa proie au jour, et le reste dans l'ombre.
C'est là, mon secret pris, qu'ils firent leurs essais...

PIERRE.

Et qu'on les arrêta.

GUTENBERG.

Pourquoi?

PIERRE.

Seul, ce Français,
Jenson, notre sauveur...

GUTENBERG.

Dont me parle ta lettre...

PIERRE.

En est instruit...

GUTENBERG.

Eh bien! qu'il veuille, je puis l'être.

PIERRE.

Il voudra...

GUTENBERG.

Le crois-tu?

PIERRE.

Je réponds qu'il sait tout ;
Et, sans qu'il soit besoin de le pousser à bout,
Il vous l'apprendra.

GUTENBERG.

Vrai!

PIERRE.

Mais à charge d'échange.

GUTENBERG.

Secret pour secret?

PIERRE.

Oui.

GUTENBERG.

Son vœu n'a rien d'étrange.
Qu'il parle, et, de grand cœur, je lui démontrerai
Mon art...

PIERRE.

Je l'espérais, aussi j'ai préparé
Pour vous une entrevue, ici même.

GUTENBERG.

Qu'il vienne :
A toute âme loyale est ouverte la mienne.
Mon seul regret serait qu'il tardât.

PIERRE.

Je l'attends.

Il se fait un grand bruit sur la droite.

GUTENBERG.

Quel bruit là bas !

PIERRE.

On parle et crie en même temps.

Vers la place Saint-Marc.

GUTENBERG.

Non, plutôt, ce me semble,
Au coin où le métier des copistes s'assemble.

PIERRE, avec effroi.

Qu'est-ce à dire?

GUTENBERG.

Ah! je crois que tout s'est apaisé.
Quelqu'un, au fier accent, soudain s'est imposé.

PIERRE, écoutant.

Jenson! Oui, c'est sa voix. Quelle ardeur! quel courage!

GUTENBERG.

Plus rien!

PIERRE.

Et le voici pour nous conter l'orage.

SCÈNE VI

LES MÊMES, JENSON.

JENSON, entrant et tendant la main à Gutenberg.

A vous, messire.

GUTENBERG, lui prenant la main.

A vous?

JENSON.

Mais trêve de saluts,
Par grâce! Le temps manque. un seul instant de plus,
Et ce peuple ameuté, qui de rage était ivre,
Serait venu, d'un bond, jusqu'ici vous poursuivre.

GUTENBERG.

Moi?

JENSON.

L'on vous dénonça.

GUTENBERG.

Qui?

JENSON.

Lorsqu'on prend ce soin,
On fuit; mais je saurai...

PIERRE, à part.

Le Ciappei n'est pas loin :
C'est trop vrai...

JENSON.

J'ai calmé leur première démence,
Mais je crains, par malheur, que tout ne recommence.

GUTENBERG.

Pourquoi ces furieux, et que me veulent-ils?

JENSON.

Vous le saurez bientôt. Avisons aux périls,
D'abord...

GUTENBERG.

Soit!

JENSON.

Pierre, à vous. Sans rien qui vous retarde,
Allez quérir les gens qu'on m'a donnés pour garde :
Ces sbires, que longtemps j'ai laissés sans emploi.
Pour qu'ils servent enfin, vite amenez-les-moi.
La foule, en les voyant, se gardera de mordre.

Il écrit un mot sur ses tablettes qu'il remet à Pierre.

Cet écrit, s'il le faut, justifiera mon ordre.

PIERRE.

J'y cours.

Il sort.

SCÈNE VII

GUTENBERG, JENSON.

JENSON.

Nous cependant, qu'ils n'intimident pas,
Nous pouvons faire halte entre les deux combats,
Et causer quelque temps.

GUTENBERG.

Je ne saurais vous dire
Combien vous me touchez. Surpris, ému, j'admire
Tous ces élans pour moi, ces sentiments si nets,
Ce zèle confiant...

JENSON.

C'est que je vous connais.

GUTENBERG.

Moi?

JENSON.

Par votre œuvre...

GUTENBERG.

Mais...

JENSON.

Je l'ai si bien suivie
Qu'il me semble au travers voir toute votre vie.

GUTENBERG.

Oui, c'en était le rêve, et, c'en était l'effort,
L'espoir! mais quand on crée, on a toujours grand tort
De croire qu'une idée éclora triomphante :
Il faut qu'on la pardonne à celui qui l'enfante;
Même quand on l'accepte, il semble qu'on l'absout.

Qu'est-ce que naître? Rien ; vivre, grandir est tout.
De Strasbourg, où j'étais, la trahison m'écarte :
Pour ceux qui m'ont trompé, ce fut le trait du Parthe !
Désespéré, je pars, comme eux-mêmes ont fui.
Venise république est, me dis-je, un appui,
Une liberté! Non. L'art que j'y viens répandre
Étonne, on le suspecte; et pas un ne veut vendre,
Si ce n'est ce marchand, mes volumes. Je crois
Qu'ils sont trop imparfaits, que mes types de bois
Ne peuvent suffire, et, sans qu'un seul espoir luise,
Pour le métal qu'il faut, je cherche, je m'épuise ;
Et j'en suis — quel aveu me serait plus amer ! —
A regretter les juifs, dont l'or coûtait si cher.
Démence d'une idée !

JENSON.

Il faudra que j'essaie :
Je m'entends aux métaux, comme expert en monnaie
A Tours, puis à Paris...

GUTENBERG.

Où vous fût révélé

Mon secret...

JENSON.

Par les gens qui vous l'avaient volé,
Et qui, sans le vouloir, furent leurs propres traîtres.
On vit par un seul mot, ou plutôt par deux lettres,
Que votre art en leurs mains ne seraient plus qu'un vol.

GUTENBERG.

Achevez...

JENSON.

Notre roi, dans son hôtel Saint-Pol,
Quand il est de loisir, aime fort un beau livre :
Conter, lire ou chasser est ce qui le délivre

Le plus gaillardement des soucis de l'emploi,
Comme il dit. Son plaisir est pour tous, car un roi
Triste met à la gêne, et gai vous met à l'aise.
Chacun donc, près de lui, cherche ce qui lui plaise :
Un traité politique, un gentil levrier,
Quelques bons contes, ou des Heures pour prier.
Un jour, qu'après la messe il feuilletait Boccace,
Il vient à nous parler de deux marchands d'Alsace,
Qui, disait-on, vendaient des bibles, au Landit,
Les plus belles du monde. On se le tient pour dit.
Nous étions dix : chacun se met bien vite en peine,
Chez ces marchands, croyant en avoir seul l'aubaine,
Et revient près du roi, sa Bible sous le bras.
Il s'amuse un moment de tout cet embarras
D'in-folios sacrés, puis, comme un gai compère :
« Messires, avec vous, on a mieux qu'on n'espère ! »
Sur dix, il en prend un et de l'œil et des doigts
Le parcourt. Tout à coup son regard de matois
S'arrêtant sur un mot, au milieu d'une page :
« Oh ! cette faute, ici, ferait faire tapage
« Aux copistes experts ! » Or, voyez l'œil qu'il a !
Dans ce mot, pour deux U, l'on avait mis deux A.
Ce livre étant le mien, l'erreur me fut sensible.
Maître Olivier Le Daim crie alors que sa Bible,
Mieux choisie, est d'un maître à coup sûr plus adroit.
On cherche : même faute, et juste au même endroit.
La curiosité par le doute s'allume
Aussitôt ; c'est à qui verra sur son volume,
Et l'on trouve — jugez si l'on en fut troublé ! —
Toujours au même mot le même A redoublé.
Quelqu'un dit : « C'est magie !—Oh ! non, dit le roi, fraude !
« Comment ? je ne sais, mais c'est sûr. » Et son œil rôde

Déjà sur les feuillets. Déjà son flair subtil
Sent la piste. C'est moi pourtant qui vis le fil,
Comme bon monnayeur : « Le type a sur l'empreinte,
« Lui dis-je, une action précise, mais restreinte;
« Il répète toujours ce qu'il marque une fois.
« Or, sur ces dix feuillets, voyant ce que je vois,
« Je conclus qu'il ne sont qu'un produit mécanique,
« La plume n'y fit rien; non, c'est un type unique
« Qui leur a mis sa marque, ils s'en sont échappés,
« Comme des écus d'or par le marteau frappés.
« — Ainsi, ce que la main n'écrit pas dans une heure,
« Dit-il, est fait d'un coup : très-bien! mais c'est un leurre,
« Un vol, puisque ces gens n'abaissent pas le prix
« De leurs livres, qu'ils font passer pour manuscrits.
« Leur art est excellent, et j'en prévois merveille,
« Mais ce sont des voleurs, et je veux qu'on y veille,
« On les arrêtera ce soir. » Ce qui fut fait.

GUTENBERG.

Donc à Paris, sans vous, leur piége triomphait.
Au pays du savoir, l'arme de la pensée
En instrument de vol aurait été faussée!
Je vous rends grâce.

JENSON.

        Mais n'oubliez pas le roi.
Dans votre art il a vu vite, et plus loin que moi,
Il y saisit d'abord ce qui devait lui plaire :
Dans le livre à bas prix l'intérêt populaire;
Et l'arme des petits à la chasse des grands,
Dans le savoir pour tous l'égalité des rangs.

GUTENBERG.

Ma lumière aidera son œuvre ténébreuse,
Elle mettra le feu dans la mine qu'il creuse.

Mais qu'il y songe ! après les nobles et leurs droits,
Le péril, en montant, peut aller jusqu'aux rois.

JENSON.

Il n'y voit à présent que ce qui sert sa haine,
Mais veut tout en savoir. — J'avais mis hors de peine
Pierre.

GUTENBERG.

Un excellent cœur !

JENSON.

Par lui bientôt je sus
Ce que vous doit cet art, et vos projets déçus.
Bien sûr d'aller à vous, avec cette entremise,
Je vous cherchais partout, quand j'appris qu'à Venise —
Par certain vieux marchand, à qui j'en faisais part
Et tout frais débarqué dans le quartier Lombart.
— Des livres tout pareils se vendaient : « Chacun coûte,
Me dit-il, dix fois moins qu'un autre. » Plus de doute,
Vous étiez là. Le roi songe à m'y dépêcher,
En dérobant son but, et pour le mieux cacher,
Il me fait son agent avoué près du Doge,
Sans craindre qu'avec moi le titre ne déroge :
Son barbier près des ducs se pose en courtisan,
A plus forte raison je puis, quoique artisan,
Faire figure ici : Près d'une république,
L'ouvrier, pour un roi, peut donner la réplique.
Enfin je suis venu, je vous ai pu trouver,
Et, si le péril croit, je pourrai vous sauver.

GUTENBERG.

Ici le danger ?

JENSON.

Oui, partout froid et tenace :
Dans cet espionnage, où qui veille menace,

Dans ces conseils secrets d'Inquisiteurs d'État,
Pour qui si vite un mot devient un attentat.
Tout y meurt du soupçon. Leur *statut vingt-sixième*
Ne semble-t-il pas fait pour votre œuvre et vous-même?
« Ici, qui crée un art et ne l'a pas gardé
« Tout entier pour Venise, y sera poignardé. »
Les copistes ont pris l'éveil ; leur bande crie :
« L'art de cet étranger tuera notre industrie,
« Courons-lui sus ! »

> GUTENBERG.

     Quelqu'un a dû les ameuter,
Bien sûr, car jusqu'alors...

> JENSON.

     J'ai pu les arrêter :
Du secours va venir et mon titre vous couvre
Autant que si le roi vous logeait dans son Louvre.

Écoutant.

Ils accourent, je crois. Les attendrez-vous ?

> GUTENBERG.

        Oui.
Je le dois. Ils iraient, sitôt que j'aurais fui,
Assaillir ce marchand. Le combattant s'émousse
En moi, réveillons-le : j'aime qu'une secousse
Vienne éprouver une œuvre et la pousser à bout,
Comme l'épi des champs elle mûrit debout.

SCÈNE VIII

LES MÊMES, ALDO, foule de copistes, peuple.

ALDO, accourant.

A l'aide ! Ils viennent tous, ah ! prêtez-moi main-forte.
Déjà sur l'autre rue ils ont forcé ma porte ;
Ils vont dans un instant rebondir jusqu'ici.
Secourez-moi.

GUTENBERG.

Soyez sans crainte.

PREMIER COPISTE, accourant avec les autres, montrant Aldo.

Le voici !

Le voici !

SECOND COPISTE.

Malheureux !

TROISIÈME COPISTE.

Il faut que l'on t'assomme !

ALDO.

Au moins dites pourquoi ?

JENSON.

Que vous a fait cet homme ?

PREMIER COPISTE.

Il veut par son trafic perdre notre métier.

SECOND COPISTE.

Un vieux magicien, dont il est l'héritier,
Lui fabrique, dit-on, livres à la douzaine,
Qu'il peut donner pour rien n'en ayant pas la peine.

PREMIER COPISTE.

C'est un crime...

SECOND COPISTE.

Odieux !

GUTENBERG.

Mais qui n'est pas le sien ;
Le vrai coupable, ici, c'est ce magicien.

PREMIER COPISTE.

Il se cache...

JENSON.

Et l'on veut que l'innocent pâtisse...

GUTENBERG.

Il faut donc vous aider à faire mieux justice.

PREMIER COPISTE.

Comment ?

GUTENBERG.

C'est moi qui suis celui que vous cherchez.

PREMIER COPISTE, reculant avec les autres.

Lui ! le magicien !...

GUTENBERG.

Sans magie... Approchez !
Et discourons un peu sur ce qu'on me reproche.
Dites-moi : lorsque l'eau s'échappe d'une roche,
Si lente qu'on croirait qu'elle ne coule pas
Et qu'il n'en tombe rien jusqu'aux terrains d'en bas,
Si quelqu'un tout à coup, dégageant mieux la source,
Lui fait à flots plus forts une plus large course,
Est-il coupable ?

LES COPISTES.

Non...

GUTENBERG.

Et, degré par degré,
S'il creuse en frais sillons dans le sol altéré

Tant de ruisseaux que tout s'y féconde et s'abreuve,
Faut-il le punir?

LES COPISTES.

Non.

GUTENBERG.

C'est mon crime !

LES COPISTES.

La preuve !

GUTENBERG, prenant un de ses volumes sur l'étal d'Aldo.

La voici : C'est cette œuvre où j'ai pris pour devoir
De faire aller vers tous les flots purs du savoir
En créant à l'esprit, sans lui marquer de rive,
Un courant dont votre art trop impuissant le prive.
Vous laissez dans sa nuit le peuple au dépourvu.

Ouvrant son livre et le présentant ouvert à un homme de la foule.

Sais-tu lire?

L'HOMME DU PEUPLE.

Non.

FEMME DU PEUPLE, à qui il présente aussi le livre

Non.

2e HOMME DU PEUPLE.

Non.

GUTENBERG, à une jeune fille.

Toi?

LA JEUNE FILLE.

Moi? Je n'ai jamais vu
De livre encor... Voyons.

JENSON, vivement.

Ceci vaut plus qu'un blâme.

GUTENBERG.

Oui, votre art par ces mots est frappé jusqu'à l'âme,
Et vous n'en voulez pas briser le cercle étroit !

Mais le monde bientôt, comme un enfant qui croît,
Rompt ses langes trop courts, le briserait lui-même !

PREMIER COPISTE, avec ironie.

C'est un arrêt de mort !

GUTENBERG.

Faites-en un baptême.

PREMIER COPISTE.

Ainsi, notre science, il faudrait l'oublier ?

JENSON.

Oui, pour une meilleure...

SECOND COPISTE.

On devrait se plier
A des labeurs nouveaux ?

TROISIÈME COPISTE.

Inconnus !

PREMIER COPISTE.

Quelle honte !

JENSON.

Jamais par le travail on ne descend.

GUTENBERG.

On monte.

TROISIÈME COPISTE.

C'est la nécessité qui jette en un tel soin.

PREMIER COPISTE.

Qu'étiez-vous ?

LES COPISTES.

Oui !

GUTENBERG.

Soldat. — Je guerroyais au loin,
J'aidais à renvoyer au désert moscovite
Ces bandits qu'au pillage un sol trop riche invite
Et qui s'y disent rois dès qu'on y peut camper.

Bientôt, même vainqueur, on est las de frapper ;
A la paix, je quittai l'habit de Porte-glaive,
Et ce sommeil du corps où l'âme se relève,
L'étude eut mes loisirs. J'en sortis artisan.
Chevalier, j'ai battu les Russes de Kasan ;
Inventeur, je veux vaincre une autre barbarie,
Et je commence à voir, l'âme déjà meurtrie,
Qu'il faut que l'ouvrier se double d'un soldat :
L'autre guerre n'est rien près du nouveau combat.

PREMIER COPISTE.

Quand on pressent ainsi les périls d'une lutte,
On part...

GUTENBERG.

On reste.

SECOND COPISTE.

Au bout est peut-être la chute.

GUTENBERG.

Pour moi, non pour l'idée, et cela m'enhardit :
Tombé, l'homme est un socle où son œuvre grandit.

PREMIER COPISTE.

Qu'il soit donc satisfait.

SECOND COPISTE.

En avant !

SCÈNE IX

LES MÊMES, PIERRE, les sbires.

PIERRE, accourant avec les sbires.

En arrière !

PREMIER COPISTE.

Cédons...

SECOND COPISTE.

Pour revenir.

PIERRE, vivement et bas à Jenson.

Courez chez les Dix.

Jenson sort avec les copistes et la foule.

SCÈNE X

GUTENBERG, PIERRE.

GUTENBERG.

Pierre,

Merci.

Le voyant soucieux.

Mais, qu'as-tu donc?

PIERRE.

Ah ! jamais je ne fus
Inquiet à ce point. Là-bas, des bruits confus
M'ont mis dans un souci que vainement j'élude.

GUTENBERG.

Tout n'est-il pas fini?

PIERRE.

Ce n'était qu'un prélude.

GUTENBERG.

Comment !

PIERRE.

Quelqu'un aux Dix, maître, vous a livré
Pour crime de magie...

GUTENBERG.

Encore, non.

PIERRE.

C'est vrai.

GUTENBERG.

Qui fit le coup ?

PIERRE.

Ciappei.

GUTENBERG.

Toujours.

PIERRE.

Il faut qu'on meure
Ici d'un tel soupçon. Ces cris, qui tout à l'heure
L'annonçaient n'étaient rien auprès ; parle-t-on bas
Chez les Dix, c'est la mort.

GUTENBERG.

Qui t'a dit ?

PIERRE.

Pas à pas,
La femme de Drizen s'est attachée au traître,
Et par elle j'ai pu tout suivre, tout connaître.
Puis j'ai lancé Jenson jusqu'au sombre conseil,
Pour mieux savoir...

GUTENBERG.

Enna, noble cœur en éveil !
Contre un danger toujours, avant-garde ou bannière,
Veiller est sa vie...

PIERRE.

Et son repos la prière.

GUTENBERG.

Elle implore son Dieu...

PIERRE.

Le nôtre.

GUTENBERG.

Que dis-tu ?

PIERRE.

Le malheur qui la frappe a doublé sa vertu,
Ses yeux s'ouvrent. Elle est au seuil de cette route,
Où le premier rayon dissipe un dernier doute.
Si par endroits encor le ciel lui reste obscur,
Elle accuse son cœur qui n'est pas assez pur ;
Et les deux mains en haut pour que la clarté vienne,
En croyant ne pas l'être, elle est déjà chrétienne.

Montrant Jenson qui entre.

Demandez à Jenson que de fois je la vis
S'arrêter en tremblant aux marches d'un parvis.
Maudite, elle craignait d'y paraître un scandale,
Et son pied n'osait pas en effleurer la dalle.
Mais dans l'air tout à coup la cloche s'ébranlait,
La grande voix de l'orgue aux hymnes se mêlait :
Les larmes de la foi lui brûlaient la paupière,
Et son front s'inclinait foudroyé de lumière.

SCÈNE XI

LES MÊMES, JENSON.

JENSON.

Doutez-vous encor ?

GUTENBERG.

Non.

JENSON.

Mais vous voudriez voir.
Eh bien, du même coup, vous allez tout avoir.

Celui qui veut vous perdre est bien près de sa perte.
Nous allons en finir avec sa fausse alerte.

GUTENBERG.

Contre lui vous n'avez aucune preuve ?...

JENSON.

Si,

Je m'en crois sûr du moins : le livre que voici

Il le présente à Gutenberg.

GUTENBERG, lisant le titre.

« *Ostium inferni*, par Anselme de Parme. »

Le rendant.

Oh ! c'est le pire.

JENSON.

Aussi l'a-t-il choisi pour arme :
Il l'envoie, en disant qu'il fut trouvé chez vous.

GUTENBERG.

Malheureux !

JENSON.

Nous allons lui retourner ses coups.

PIERRE.

Et de quelle façon ?

JENSON.

Doucement, sans tapage.
Laissez-moi faire...

PIERRE.

Encor ?

JENSON.

Lisez à cette page
Les devoirs du maudit qui veut plaire au démon :
« Insulter Dieu d'abord ! Sortilége n'est bon
« Que si l'impiété s'ajoute au maléfice. »
Comme il veut les profits, il pratique l'office.

7

Tout à l'heure pendant que le suivait Enna,
Devant aucune croix son front ne s'inclina.
C'est ce qui va le perdre...

GUTENBERG.

> Et pour le reconnaître...?

JENSON.

Mes sbires ont le mot. D'après l'avis du traître
On doit prendre un maudit; or, c'est lui qu'on prendra.
Pour vous voir arrêter dans la foule, il viendra
Ici bientôt. C'est l'heure où je veux qu'il expie
Le crime à vous prêté...

GUTENBERG.

> S'il suffit d'être impie,

Incroyant, Enna peut...

JENSON.

> Vous ne douterez plus

D'elle après cela...

GUTENBERG.

Mais...

JENSON.

> Attendez l'*Angelus*.

SCÈNE XII

LES MÊMES, ENNA, CHRISTINE, les copistes, les sbires, puis CHAPPEL.

ENNA, accourant, bas à Jenson.

Que de monde !

JENSON.

> Je sais.

ENNA.

Le danger se réveille.

JENSON.

Non.

ENNA, regardant du côté de la foule.

La foule croît.

JENSON.

Bien !

ENNA.

Les sbires !

JENSON.

À merveille !

ENNA, de plus en plus effrayée.

Et Ciappei, ce maudit...

JENSON, de plus en plus calme.

Il ne manque plus rien.

CIAPPEI, à part, les yeux sur Gutenberg.

En Alsace, ce fut ton tour, voici le mien :
Je te tiens, Gutenberg...

ENNA, les yeux sur Ciappei.

Oh ! comme il le regarde !

A Jenson.

Voyez !

JENSON, à part, entendant l'Angelus.

Je vois qu'il est perdu s'il se hasarde
A ne pas s'incliner sous ce signal béni.
Prions...

Toute la foule se découvre et s'agenouille. Ciappei seul reste couvert et
debout. Quant le bruit de la cloche a cessé, les sbires se relèvent, se
jettent sur lui et l'entraînent.

GUTENBERG.

Elle est sauvée !

JENSON.

Et l'infâme est puni !

GUTENBERG.

Dieu nous montre à la fois sa grâce et sa colère.

JENSON.

Il brûle d'une main...

GUTENBERG.

Et de l'autre il éclaire.

JENSON.

Aussi courage encor, vous, l'un de ses flambeaux !

GUTENBERG.

De sa vie en son œuvre on laisse les lambeaux...

JENSON.

Oui, mais comme avec elle un malheur vous fiance !
Courage ! tout progrès est fait de patience.

FIN DU TROISIÈME ACTE.

ACTE QUATRIÈME

LA SCÈNE EST A MAYENCE

Le théâtre représente l'atelier de Füst et de Gutenberg : une presse, à droite, ayant la forme des anciens pressoirs ; à gauche, un creuset, etc.

————

SCÈNE PREMIÈRE

CHRISTINE, ENNA.

ENNA.

Je n'ai plus qu'à partir. Il ne me reste rien...

CHRISTINE.

Quoi ! vos bijoux d'argent et d'or...?

ENNA.

Tu le sais bien,

Tous jetés là...

Elle montre le creuset.

CHRISTINE.

Fondus !

ENNA.

Pour l'épreuve encor vaine

Des types plus parfaits, dont sa science en peine

Veut trouver le métal. L'obtiendra-t-il un jour ?

CHRISTINE, montrant le bracelet que porte Enna.

Ceux-ci, vous les gardez ?

ENNA.

                        Ils auraient eu leur tour
Comme les autres, mais ils sont faux, et le maître
D'un alliage ici n'a que faire.

CHRISTINE.

                        Peut-être...

ENNA.

Il connaît celui-ci d'ailleurs, car le secret
Vint de lui. — Maintenant pas un mot indiscret !
Qu'il ignore !

CHRISTINE.

                        Où seront désormais ses ressources ?

ENNA.

Hélas ! quand à Mayence, au bout des longues courses,
Il revint, espérant l'asile après l'écueil,
Chez les nobles encore il retrouva l'orgueil.
A leurs yeux son génie amoindrit sa noblesse..

CHRISTINE.

Le prince est son ami...

ENNA.

                        Mais de trop haut ! Il laisse,
Indifférent, passer sans le voir d'assez près
L'art qu'il devrait aider pour ses derniers progrès.

CHRISTINE.

Mon grand-père fit plus ; à son retour de France,
Où Jenson avait eu du roi sa délivrance,
Reçu par Gutenberg, toujours hospitalier...

ENNA.

Et généreux au point de pouvoir oublier.

CHRISTINE.

A l'œuvre il se remit...

ENNA,

Je le sais,

CHRISTINE,

En prodigue.

ENNA.

Et très-honnêtement... oui, mais il se fatigue
Déjà.

A part.

S'il ne fait pis encor,

Haut.

Progrès hâté,
Gain prompt et sûr, voilà ce qu'il veut. Le traité
Qu'on a repris, malgré le passé...

CHRISTINE,

Qu'il regrette,

ENNA.

Annonçait ce progrès ; comme il tarde, il s'arrête.
Dès qu'il faut gagner, Füst aime peu les retards...

CHRISTINE,

Vous donnez à sa place.

ENNA.

Et n'ai plus rien. Je pars,

CHRISTINE.

Pour Paris ?

ENNA.

Oui. Drizen souffrant, qui n'a pu suivre
Ton grand-père ici, veut tous mes soins pour mieux vivre
Ses derniers jours ; je pars...

CHRISTINE.

Mais...

ENNA.

C'est par le devoir

Qu'on s'ouvre les sentiers où le ciel se fait voir...

CHRISTINE.

Quel terrible voyage, en ces heures de trouble !

ENNA.

Ce qu'on a de courage avec l'honneur se double,
Et le devoir rempli fait notre honneur à nous !

CHRISTINE.

Attendez quelques jours.

ENNA.

Pas un !...

CHRISTINE.

Oubliez-vous

Qu'un message, annoncé par la lettre dernière
De Jenson, doit venir aujourd'hui même ?

ENNA, avec doute.

Oh !

CHRISTINE.

Pierre

En guette l'arrivée. Or, vous saurez ainsi
Tout ce qui sur Drizen peut vous mettre en souci,
Et ce que de sa part, pour le travail du maître,
La lettre de Jenson semblait aussi promettre.
Ce précieux secret...

ENNA.

Moins certain qu'espéré,

S'il doit venir de là, je le rapporterai,
Et j'aurai de Jenson pressé la main loyale,
Qui, retirant Drizen de la geôle royale,
Le mit dans cette voie, où tous deux ont tâché
De trouver ce qu'ici Gutenberg a cherché.
Adieu,...

Elle sort.

SCÈNE II

CHRISTINE, puis PIERRE.

CHRISTINE.

Quelles vertus, pauvre Enna, sont les tiennes !...
D'autres en ont bien moins, qui pourtant sont chrétiennes.
Voyant Pierre entrer.
Pierre !... Eh bien ? avez-vous le message attendu ?

PIERRE.

Non, et j'ai peur...

CHRISTINE.

Grands dieux ! le croyez-vous perdu ?

PIERRE, *avec un soupir.*

Ah !

CHRISTINE.

Quelqu'un l'aurait-il volé ? Mais qui ?

PIERRE.

Je n'ose
Le deviner. Pourtant, si l'effet dit la cause,
Ce quelqu'un-là devait avoir grand intérêt
A savoir et garder pour lui seul le secret
Que Drizen et Jenson par là faisaient connaître,
Et qui compléterait enfin l'œuvre du maître.

CHRISTINE.

Mais j'y songe, attendez ; ne nous a-t-on pas dit
Qu'échappé des prisons du doge, le maudit,
Ciappei, vint par ici, sur ce chemin de France ?...

PIERRE.

Oui, pour tenter plus près sa lâche concurrence
Contre l'art qu'il connut, par quelques mots surpris...

CHRISTINE.

De même il aura su qu'un courrier de Paris
Venait et...

PIERRE.

Ces soupçons...?

CHRISTINE.

Devraient être les vôtres.
Le vol fut fait par lui, j'en réponds...

PIERRE.

Ou par d'autres.

CHRISTINE.

Qui ?

PIERRE.

Jusqu'au soir encor je consens à douter ;
Un second courrier vient. Il faudrait le guetter,
Mais le maître me veut ici. Triste, il se lasse,
Il a besoin de moi.

CHRISTINE.

Je vais à votre place,
Voulez-vous ?

PIERRE.

De grand cœur. Un mot auparavant :
Si le maître — qui vient du logis d'un savant,
Dont l'antique science, assez pâle lumière,
Lui semble une ressource encor, mais la dernière —
Vous voyait, cachez-lui nos craintes. Aujourd'hui,
Il a trop de chagrins pour ce nouvel ennui.

CHRISTINE.

Après, j'irai trouver Enna. L'heure est funeste,

Les chemins dangereux ; il faut donc qu'elle reste.

PIERRE,

Elle aussi s'en allait !...

CHRISTINE,

Ce soir.

PIERRE,

Retenez-la.

Pour lui quel deuil de plus !

CHRISTINE,

Pourtant quand elle est là,

A peine s'il la voit...

PIERRE.

Génie au vaste espace,

Certe il regarde mal ce qui se tait et passe ;
Distrait, il semble fier, mais du cœur il sait voir,
Et ce doux astre absent ferait son ciel plus noir.

CHRISTINE.

C'est l'amour...

PIERRE.

Vague. Il plaît aux âmes situées

A ces hauteurs ; les dieux aiment dans les nuées,

CHRISTINE.

Le nôtre est plus modeste...

PIERRE.

Et n'en est que plus doux.

Il la reconduit vers la porte de droite

SCÈNE III

FÜST, seul.

FÜST, les regardant s'éloigner.

Encore ensemble! Bien, mes enfants, aimez-vous.

Montrant une lettre.

Vous me servirez mieux. Ceci pris, je possède
Tout ce qu'on attendait. Je ne veux plus qu'un aide
Habile, et je le tiens : c'est ce bel amoureux
Qui ne peut refuser s'il désire être heureux.
On va toujours tomber du côté que l'on aime.

Relisant la lettre.

Que me faut-il encore? Ah! l'alliage même;
Je l'aurai chez Enna. — Chose étrange, c'est lui
Jadis, c'est Gutenberg qui l'a fait. Aujourd'hui
Qu'il n'y pense plus, moi j'y viens. Ce qu'on oublie
On le perd; je ramasse. — Ils ont de la folie
Un peu, ces savants...

SCÈNE IV

FÜST, PIERRE.

PIERRE.

Lui!

FÜST.

Tu quittes Christine?

PIERRE.

> Ah!

C'est que...

FÜST.

> Très-bien! elle est ta promise déjà...

PIERRE.

Vraiment!

FÜST.

> A nous bientôt la moisson sans ivraie,
> A nous tout le bon grain, tout, mon gendre...

PIERRE, à part.

> Il m'effraie.

FÜST.

Le travail sera dur pour le faire à nous deux
Seuls...

PIERRE.

> Qu'avez-vous dit? Seuls et,...

FÜST.

> Drizen est bien vieux,

Souffrant. Reviendra-t-il de là bas? Je le pleure
D'avance, pauvre ami, mais il faut bien qu'on meure.
Or, lui parti, tu vois que...

PIERRE.

> Mais le maître?

FÜST.

> Oh! lui

Certes, c'est différent...

PIERRE.

> J'y compte bien!

FÜST.

> L'ennui

Pourtant le gagne un peu, le tue...

PIERRE.

Oh ! non.

FÜST.

Je doute

Qu'il résiste longtemps. D'ailleurs, coûte que coûte,
Il faudra bien qu'il rende enfin son art parfait.
Tu sais que sans cela ses droits n'ont plus d'effet.
L'ancien traité repris, et que seul j'exécute
Le dit. Qu'il trouve donc, ou pour lui...

PIERRE.

C'est...

FÜST.

La chute...

PIERRE.

Ah !

FÜST.

Nous trouverons-nous ?

PIERRE, à part.

Haut.

Il a la lettre... Mais
Oubliez-vous ses soins, ses efforts, et...

FÜST.

Je sais

Que j'ai beaucoup donné, beaucoup...

PIERRE.

Et son génie,

Sa générosité pour nous tous infinie,
Sans relâche, si bien qu'au retour de Paris,
Quand vous alliez errant, quand d'abris en abris,
Vous demandiez partout où poser votre tête,
C'est lui qui vous reçut, c'est lui qui vous fit fête ; —

Rien dans ses souvenirs ne l'avait effrayé. —
Avez-vous oublié tout cela?...

FÜST.

J'ai payé.
Je suis à sec. Il faut que je me récupère ;
Je reprends tout...

PIERRE.

Oh !

FÜST.

Tout.

PIERRE.

C'est agir...!

FÜST.

En bon père,
Car Pierre mon ami : s'il ne me reste rien,
Je ne puis marier Christine, entends-tu bien?
Oui, tu m'entends.

Il sort.

SCÈNE V

PIERRE, puis GUTENBERG.

PIERRE,

Non, non, je ne serai pas lâche.
Jusqu'au bout vaillamment j'accomplirai ma tâche
Envers le maître. Il faut enfin faire bien voir
Qu'on peut concilier l'amour et le devoir.

Voyant Gutenberg entrer.

Le voici qui vient triste, abattu. Lui dirai-je...?
Non, ce serait cruel! Il faut briser le piége
D'abord. J'y parviendrai.

GUTENBERG.

       Si l'âme est dans les yeux,
Füst m'a dit en passant ce qu'il couve le mieux.
Son regard!... Je le gêne, il faut qu'il se délivre.
C'est un malheur de plus. Un autre est là...

     PIERRE, prenant le livre qu'il lui montre.

              Ce livre?

     GUTENBERG.

De ceux que fait Ciappei.

     PIERRE, l'ayant feuilleté.

    Dangereux !

     GUTENBERG.

             C'était sûr ;
Il me rend corrompu l'art que je rêve pur,
Et j'ai l'âpre douleur de savoir qu'il peut nuire,
Même avant d'avoir vu le bien qu'il peut produire.
Et moi, ne trouver rien ! m'épuiser à chercher !
Ah! Sisyphe, c'est nous qui roulons ton rocher !
Cette inutilité de mes efforts me pèse !
Les métaux tour à tour passent dans ma fournaise...
Ce n'est que pour s'y perdre; et j'en reste toujours,
Embourbé dans mon œuvre, à ces types trop lourds,
Triste enfance et retard du progrès qui s'y brise.

     PIERRE.

La lettre en sort pesante et l'empreinte est trop grise.

     GUTENBERG.

Plus de bois! un métal!

     PIERRE.

    Lequel?

     GUTENBERG.

         Problème obscur !

PIERRE.

Le cuivre?

GUTENBERG.

Il est cassant.

PIERRE.

Le plomb?

GUTENBERG.

Mou.

PIERRE.

Le fer?

GUTENBERG.

Dur.

PIERRE.

L'étain?

GUTENBERG.

Il vaudrait mieux, mais sous la presse il plie.

PIERRE.

L'argent? l'or?

GUTENBERG.

Jusque là j'ai poussé la folie
De l'épreuve! Ils seraient la ruine. Ils sont lents
A se fondre d'ailleurs aux feux les plus brûlants.

PIERRE.

Le moule est prêt...

GUTENBERG.

Le métal manque. Ah! si de France
Ce message apportait au moins une espérance.
Non.

PIERRE.

Et chez ce savant?

GUTENBERG.

Rien! Que peut obtenir
D'un tel fou du passé, le fou de l'avenir!
Il n'a pas compris même un seul mot de l'idée.

8

PIERRE.

Pas un seul?

GUTENBERG.

Sur du sable on eût dit une ondée.

PIERRE.

Il dut répondre enfin...

GUTENBERG.

Ceci : Que les anciens
Dans leur raisonnements n'ayant eu rien des miens,
Il serait tout d'abord peu sage de m'y suivre;
Que les Romains savaient mieux fabriquer un livre.
« Les Romains, dis-je alors, qui comme un fief à bail
Tenaient le monde, avec les peuples pour bétail,
S'ils avaient eu l'idée, ils n'auraient su qu'en faire,
Esclave elle fût morte en leur étroite sphère.
Elle vint les tenter, et leur glissa des doigts,
Il lui fallait le monde, allégé de leur poids.
Le monde, où tout bientôt prendra son équilibre!
Le monde, où l'homme sent enfin qu'il sera libre! »

PIERRE.

Et le savant?

GUTENBERG.

Riait très-dédaigneusement,
Et je n'eus pour adieu que son ricanement.

PIERRE.

On s'en amuserait si ce n'était funeste

GUTENBERG.

Ce qui semble bouffon attriste encor le reste.
Mais vois comme partout l'ignorance et le mal
M'envahissent! Quel cercle inflexible et fatal
Se rive sur l'idée, et sans pitié l'enserre :
L'un, qui veut m'en chasser, s'y fait déjà corsaire;

L'autre y met son travail, et ce n'est qu'un affront,
Car pour qu'elle corrompe, infâme, il la corrompt;
Enfin, pour dernier coup, la science me nie,
Et, cherchant un progrès, je reste sans génie,
Désenchanté, brisé. Va, je n'ai qu'à fuir seul,
Aux déserts, où la nuit est un premier linceul.

Il sort.

SCÈNE VI

PIERRE, CHRISTINE.

PIERRE, rappelant Gutenberg.

Maître! maître!

CHRISTINE, entrant du côté opposé à celui par lequel est sorti Gutenberg.

Ah! laissez, la mauvaise nouvelle
Que je rapporte ici ne vaut pas qu'on l'appelle.

PIERRE.

Il la devine, hélas! Le message?

CHRISTINE.

Est volé,
Et bien payé, dit-on.

PIERRE, à part.

Füst y tenait!

CHRISTINE.

J'allai
Ensuite chez Emma...

PIERRE.

Personne?

CHRISTINE.

Porte close
Seulement, mais grand bruit dans la maison.

PIERRE.

Ah !

CHRISTINE.

J'ose

Ecouter...

PIERRE.

Très-bien ! et...

CHRISTINE.

Sans distinguer la voix,
Je comprends qu'on menace et qu'on prie à la fois
Pour qu'elle donne...

PIERRE.

Quoi?

CHRISTINE.

J'ignore. Elle résiste,
On crie alors, j'ai peur et je pars. C'est bien triste.
La malheureuse, hélas ! que lui veut-on encor?
Que peut-elle donner? son argent et son or,
Tout est passé là.

PIERRE.

Vrai !

CHRISTINE.

Certes...

PIERRE, à part.

Quelle lumière !
Et Füst... — On peut tromper, mais de cette manière,
C'est trop ! — A l'instant même encore il me disait
Que seul il a payé !

Haut.

Donc, c'est dans ce creuset?...

CHRISTINE.

Que, jour par jour, elle a tout jeté pour la fonte.
Qu'ai-je dit?

PIERRE.

Son éloge.

CHRISTINE.

Ah! vrai, je suis trop prompte...
La trahir?

PIERRE.

C'est l'aimer.

CHRISTINE.

Chaque jour nouveau don.
Pauvre Enna! tous enfin se sont épuisés.

SCÈNE VII

LES MÊMES, ENNA.

ENNA, qui a entendu.

Non!
J'apporte le dernier et le plus sûr peut-être.

PIERRE.

Que nous dites-vous là?

ENNA.

Je vous dis que le maître
Va gagner la partie, enfin. Voici l'enjeu.

CHRISTINE.

Ces bijoux que tantôt?...

ENNA.

Oui. Mais surveille un peu.

Christine va regarder à la porte.

Füst est venu me voir. Ah! qu'il m'a torturée!
N'importe! Je sais tout et lui rien. Dès l'entrée,
Convoitise, désirs, fourbe allaient en vrais loups,
Pour me prendre. Bientôt il parla de bijoux,

Entre autres de ceux-ci, qu'il veut que je lui cède.
Je m'étonne, il insiste, et de si près m'obsède,
Que j'entre en défiance : un éclair de raison
Me fait sous tant d'ardeur voir une trahison.

PIERRE.

Vous refusez !

ENNA.

Il part...

PIERRE.

Très-bien !

ENNA.

Ce qu'en sa lettre
De la part de Drizen Jenson semblait promettre
Doit être ce métal, cet alliage.

PIERRE.

Eh ! oui !

ENNA.

Comment l'oubliait-il, puisqu'il nous vient de lui ?

PIERRE.

Parce qu'il l'a trouvé ! Pour ce génie en fièvre,
L'invention toujours par un autre se sèvre,
Oublieux de l'effort qui n'est plus attendu,
Pour lui le fruit cueilli devient un fruit perdu.

Faisant pas; puis cassant le bijou.

Bien ! souple et résistant...

SCÈNE VIII

LES MÊMES, FÜST.

FÜST, *entrant sans être vu.*

Sachons tout.

PIERRE, continuant son examen.

> La cassure
> Montre un grain admirable.

ENNA.

> Ainsi?

PIERRE.

> L'épreuve est sûre.

CHRISTINE, accourant.

> Voici le maître!

ENNA.

> Enfin!

SCÈNE IX

LES MÊMES, GUTENBERG.

PIERRE, à Gutenberg.

> Ce que vous cherchiez tant,
> Regardez!

GUTENBERG, prenant le bijou brisé.

> En effet! oui...

ENNA.

> Victoire!

FÜST.

> Un instant!
> Ceci trouvé par toi, mon gendre ou qui peut l'être,
> Change tout...

PIERRE.

> Comment!

FÜST.

> Tout! Voyons qui sera maître...

FIN DU QUATRIÈME ACTE.

ACTE CINQUIÈME

LA SCÈNE EST A MAYENCE

Le théâtre représente la place de Saint-Emmeran. A droite, la boutique de Pierre Schœffer ; à gauche au fond, le porche du cloître de Saint-Emmeran.

———

SCÈNE PREMIÈRE

JENSON, ENNA, CHRISTINE.

JENSON, sortant de la boutique de Pierre Schœffer.
Pierre, à bientôt.

ENNA.
Pendant qu'il retourne au travail,
Dites-nous sur Drizen le funèbre détail.
Je partais quand j'appris sa mort. Fut-elle?...

JENSON.
Digne.
Lorsque le cœur enfin s'éclaire, il se résigne.

ENNA.
Ainsi son repentir?

JENSON.
Fut sincère, fervent.

ENNA.

Gutenberg, dites-moi, revenait-il souvent
Dans ses remords?

JENSON.

Souvent, et quand partit son âme,
Ce nom seul se mêlait à celui de sa femme...

ENNA.

Merci... Lorsque l'on sent que Dieu vint y parler,
La mort porte avec soi ce qui peut consoler.
Adieu.

JENSON.

Déjà!

ENNA.

Les coups dont je suis assaillie
Font que je ne me plais que seule et recueillie.

JENSON.

Mais je suis curieux. D'ordinaire on consent
A tout dire à l'ami qui fut longtemps absent.
Achevez de m'apprendre enfin dans quelle crise
Gutenberg a si vite abdiqué l'entreprise.
Je sais tout jusqu'à l'heure où le père arriva.

ENNA.

« La trouvaille est toujours, dit-il, à qui trouva,
« Or, puisque Pierre trouve, à lui la découverte! »

JENSON.

Oui, mais à Füst le gain, à Gutenberg la perte!

ENNA.

Comme vous devinez!

JENSON.

J'ai connu Füst là-bas,
Et je le sais par cœur.

ENNA.

Pierre n'acceptait pas.

CHRISTINE.

Il me sacrifiait.

ENNA.

Lorsqu'intervint le maître.

JENSON.

Avait-il entendu?

ENNA.

Tout.

JENSON.

Je le vois paraître
Alors : terrible et grand, aux regards absolus,
Noble et, comme toujours, fier...

ENNA.

Oh ! mille fois plus.
A Füst, qui persistait, il enjoint par un geste
D'achever ; ce qu'il fit...

CHRISTINE.

Quelle scène funeste !

JENSON.

Füst ?

ENNA.

Avide, cruel.

JENSON.

Lui ?

ENNA.

Superbe, écrasant !
« Soit, dit-il ; je n'ai plus qu'à partir à présent.
« Jamais je ne voulus d'un droit qu'on me discute,
« Et la fatigue vient des dégoûts de la lutte. »
Il déchire l'écrit qui pouvait les lier,

Puis, à Pierre qui pleure et veut le supplier :
« Adieu ; prends-la, cette œuvre où j'avais mis ma vie,
« C'est ta dot, prends ; mon cœur à ton cœur la confie,
« Et que, de mon désert où tout bruit va cesser,
« Je puisse fièrement la regarder passer. »

JENSON.

Il a dû bien souffrir pour avoir ce courage.

ENNA.

Ah ! si vous l'eussiez vu ! C'était comme un orage
Qui gronde sans tomber : les larmes, qui perlaient
Sur le bord de ses yeux, ses regards les brûlaient.
Je vous quitte. On ne peut par aucune parole
Peindre ce sombre ennui qui craint qu'on le console.

A part.

Pourtant je tâcherai.

Haut.

Christine, je t'attends.

Tu sais, bientôt.

A part.

Je n'ai plus à perdre de temps.

Elle sort.

SCÈNE II

JENSON, CHRISTINE.

JENSON, montrant la petite maison près de l'église.

Et c'est là ?...

CHRISTINE.

Depuis lors, oui, c'est là qu'il demeure.

JENSON.

Seul?

CHRISTINE.

Et sans regarder si tout près on le pleure.

JENSON.

Il le saura...

CHRISTINE.

Pour nous son absence est le deuil;
Il serait notre joie, il serait notre orgueil.
Non : il a préféré ce misérable gîte
Au cher foyer où tout lui sourit et l'invite.
Qui l'en éloigne?

JENSON.

Füst.

CHRISTINE.

Mais il n'y vient plus...

JENSON.

Lui !

CHRISTINE.

Pierre a tout en main, seul; c'est qu'il est aujourd'hui,
Depuis le mariage...

JENSON.

Un homme important...

CHRISTINE.

Grave,

A m'imposer; mais bon, charmant, de plus très-brave.
Comme mon père est vieux et bientôt mis à bout,
Voyant le danger croître, il l'a chargé de tout.

JENSON.

C'est donc comme à Venise?

CHRISTINE.

Oh! pis encor : dispute,

Bataille à chaque instant...

JENSON.

Pierre soutient la lutte...

CHRISTINE.

Contre juges, savants, nobles, criant si fort
Que, sans les écouter, on est sûr qu'ils ont tort.
Si le maître voulait une fois les entendre
Calomnier son œuvre, il viendrait la défendre.

JENSON.

Bien dit !

CHRISTINE.

Mais.

JENSON.

Il viendra. Le combat met en goût
Un tel cœur ; s'il hésite, un danger l'y résoud.
Quand, au souffle brûlant de ces luttes nouvelles,
L'idée enfin s'élève, ayant toutes ses ailes,
Il ne peut loin du vent plier comme un roseau.
Le cœur sans espérance est un nid sans oiseau.
Avec son art, il peut espérer : c'est sa sphère,
Sa vie. On l'y rendra.

CHRISTINE.

Comment ?

JENSON.

Laissez-moi faire.
Mais, afin que tout marche et s'achève à mon gré,   •
Tenez ce livre prêt, que vous m'avez montré
Et qui lui fera voir...

CHRISTINE.

Hélas ! Pourvu qu'il lise.

JENSON.

Je vais chez lui...

CHRISTINE.

Non pas. Restez devant l'église,
Près des marches. C'est là que morne il vient s'asseoir,
Écoutant sans entendre et regardant sans voir.

JENSON.

J'attendrai donc.

CHRISTINE.

Je cours chez Enna.

JENSON.

Noble femme !
Ce qu'elle a fait pour lui montre ce qu'est son âme.
L'a-t-il su, lui, du moins ?

CHRISTINE.

Oui, je dois le penser :
Il a presque un sourire en la voyant passer.

JENSON, écoutant.

Quel bruit !

CHRISTINE.

C'est un prélude. Écoutez.

Elle sort.

SCÈNE III

JENSON, PIERRE, un magistrat, un noble, un savant.

LE MAGISTRAT.

Art impie !

LE SAVANT.

Absurde !

LE MAGISTRAT.

Infâme !

LE NOBLE.

Ignoble !

JENSON.

Oh !

LE SAVANT.

Vive la copie !

JENSON, à part.

Charmant !

LE SAVANT.

Que donne-t-il, cet art à grand fracas ?

LE NOBLE.

Oui ?

LE SAVANT.

Rien de ce qu'on veut...

LE MAGISTRAT.

Tout ce qu'on ne veut pas.

JENSON, riant.

Parfait !

LE MAGISTRAT, se rengorgeant.

N'est-ce pas ?

PIERRE, étonné, à Jenson.

Vous !

JENSON, bas à Pierre.

Laissez, que je les pousse.

J'ai mon idée.

PIERRE.

Allons !

LE MAGISTRAT, à Jenson.

Venez à la rescousse,
Monsieur, qui m'avez l'air d'un très-sage étranger ;
Donnez-moi bien raison. Vous devez enrager,
Voyant comme chacun, dans notre populaire,

Se gorge de savoir à six liards l'exemplaire !
Autrefois, au bon temps, pour apprendre, et fort peu,
Il fallait être riche. A présent, vertubleu !
C'est changé : l'on dégoise et de tout et du reste,
A bon compte. Tenez, moi, qui sais le Digeste
Et plus : Justinien, Tribonien, Ulpien,
Bref, tous ces gros savants...

JENSON.

                   Dont le nom rime à... *rien*.

LE MAGISTRAT.

Oui. Je suis pris de court : n'ai-je pas mes besicles
Pour lire, l'accusé me souffle les articles !

LE SAVANT.

Quel cynisme !

LE MAGISTRAT.

Où va-t-on ?

LE NOBLE.

Abus.

LE MAGISTRAT, très-haut.

                   Abus criants !

JENSON, se bouchant les oreilles.

Et qui font crier.

SCÈNE IV

LES MÊMES, GUTENBERG.

PIERRE, apercevant Gutenberg, que le bruit a fait sortir.

Lui !

JENSON, bas à Pierre.

Tant mieux !

LE MAGISTRAT, continuant.

                        Tous sont friands
De tout lire. Le savoir nous envahit, nous cerne,
Et vous voulez qu'on juge encore et qu'on gouverne !

PIERRE.

Oui...

LE MAGISTRAT.

Mais...

PIERRE.

                Quand vous saurez que l'on a de bons yeux
Pour vous voir gouverner, vous gouvernerez mieux.

GUTENBERG, qui écoute.

Bien !

LE SAVANT.

        Voyez ce marchand qui nous jette des pierres !

PIERRE.

Vous en avez besoin pour boucher vos ornières.

GUTENBERG, qui écoute de plus en plus.

Très-bien !

JENSON, les regardant l'un après l'autre.

        Voyant le maître, il y va plus franc jeu.
Et le maître commence à s'émouvoir un peu.

LE NOBLE.

Chez nous, depuis César, on n'eut qu'un seul volume...

PIERRE.

De bataille...

LE NOBLE.

        De gloire ! on n'y taille sa plume
Qu'avec l'épée; aussi l'on écrit...

PIERRE.

                        Peu.

9

LE NOBLE.

Mais...

PIERRE.

Mal.

LE NOBLE, se fâchant.

Hé !

PIERRE.

C'est plus fier !

LE NOBLE.

Au livre il faut gens à cheval,
Guerriers hauts en couleurs. Chez vous on les ménage
Trop ; mettez-en. Alors je comprendrai...

PIERRE.

L'image !

GUTENBERG, à part

Il a réponse à tout, il a raison toujours.

LE SAVANT.

Moi !

JENSON, à part.

Derniers bataillons, et je crois les plus lourds.

LE SAVANT.

Ce que je vois de pire en ce qui nous arrive,
Comme un désastre...

PIERRE.

C'est...?

LE SAVANT.

Qu'il faudra qu'on écrive
Bientôt comme l'on parle.

PIERRE.

Ah !

LE SAVANT.

Le latin, le grec,

Flots purs et doux, cet art... il va les mettre à sec.
Dites : peut-on lui faire une assez rude guerre ?
Voyez-vous mon latin mis en langue... vulgaire.

PIERRE.

Oh !...

LE SAVANT.

L'anglais, l'allemand, l'espagnol, le français
Dans les livres bientôt auront seuls libre accès,
Même dans les sacrés... Ne dit-on pas qu'à Spire,
Sur le sol vénéré de notre saint-empire,
Des moines renégats méditent sans terreur... ?

PIERRE.

Quoi ?

LE SAVANT.

D'imprimer la Bible en allemand.

PIERRE.

Horreur !
La Bible !... Qui lira, saura ce qu'il lit, Gronde !
Gronde, foudre du ciel : voici la fin du monde.

LE SAVANT.

Certe !

PIERRE.

Et qu'ils seront durs les temps où tout pourra
Se comprendre !

LE SAVANT.

Pourquoi ?

PIERRE.

C'est qu'on vous comprendra !

LE SAVANT.

Par saint Jean ! je soupçonne à la fin qu'il nous raille !

JENSON.

Non, de l'œil de chacun il retire une paille,
Voilà tout !

LE MAGISTRAT.

Faudra-t-il souffrir qu'un tel vaurien...?

ENSEMBLE.

Oui !

LE NOBLE.

Qu'un aventurier...?

ENSEMBLE.

Nous outrage ?

GUTENBERG, qui peu à peu s'est rapproché.

Il fait bien !

LE MAGISTRAT, surpris.

Sire Jean Gutenberg !...

GUTENBERG.

Qui descend de son ombre,

À Pierre.

Pour finir ta leçon...

JENSON, joyeux.

Ah !

PIERRE, à Gutenberg qui lui tend la main.

Merci !

GUTENBERG, au savant, au magistrat, au noble.

Dans le nombre

Des braillards soulevés contre mon art, je crois
Que les plus acharnés, c'est vous.

ENSEMBLE.

Nous ?

GUTENBERG.

Tous les trois,

Au noble.

Oui ! vous, patricien, preux des antiques gloires ;

Parce que vous sentez venir d'autres victoires,
Et qu'il vous semble lire, en chaque livre écrit :
Place ! le droit du fort cède aux droits de l'esprit ;

> *Au magistrat.*

Vous, parce qu'étant homme, à conscience large,
Qui de la loi toujours tirez à vous la marge,
Vous comprenez, voyant poindre la vérité,
Qu'après votre justice on aura l'équité ;

> *Au savant.*

Et vous, dont le latin fut trop longtemps à l'aise,
Parce que vous voyez qu'il faudra qu'il se taise,
Que le savoir sera moins doux qu'auparavant,
Que la lettre qui vit voudra l'esprit vivant,
Et qu'au premier rayon qu'il fera sur vos tomes,
On pourra dans le vide en compter les atomes !
Et c'est ainsi qu'avec de mesquins intérêts,
On menace l'idée, on sape le progrès !...

> ENSEMBLE.

Oui !

> LE SAVANT.

Nous voulons qu'on tue enfin cette industrie.

> ENSEMBLE.

Qu'on l'écrase.

> GUTENBERG.

Criez ! Tout aveugle injurie
L'outil qui le fait voir...

> LE MAGISTRAT.

Nous en aurons raison...

> GUTENBERG.

Jamais ! l'astre est déjà trop haut sur l'horizon.

> LE NOBLE.

Nous saurons bien pourtant lui forger quelque entrave.

GUTENBERG.

Vous, on vous bravera tous...

ENSEMBLE.

Oh !

GUTENBERG.

Tous, comme on brave
Ces oiseaux ténébreux, qui ne quittent le sol
Que pour huer le jour, qu'ils tachent de leur vol.

Ils sortent.

SCÈNE V

LES MÊMES, CHRISTINE.

CHRISTINE, à Pierre.

Enna tout près attend, déjà l'office sonne.
Venez.

PIERRE.

Pourquoi ?

CHRISTINE, souriant.

Venez...

Ils sortent.

SCÈNE VI

JENSON, GUTENBERG.

JENSON, la suivant des yeux.

Comme elle est gaie et bonne !

GUTENBERG.

Et lui, comme il est brave ! Ah ! son ardeur m'a plu.
Je l'ai retrouvé là tel que je l'ai voulu.

Son esprit vaillamment fait vibrer la doctrine,
Et son cœur courageux bat bien dans sa poitrine.

JENSON.

Mais vous doutiez,

GUTENBERG.

J'eus peur d'être pris à l'étroit
Entre Pierre trop faible et Füst niant mon droit...

JENSON.

Pierre amoureux, oui ; faible, non. L'expérience
De vos luttes lui fit vite une défiance :
Il veilla. Prenant l'art où vous l'aviez laissé...

GUTENBERG.

En plein progrès. Dégoût trop prompt d'un cœur blessé !

JENSON.

Il tint au logis tout d'une main ferme et haute.

GUTENBERG.

Mais Füst ?

JENSON.

Maître d'abord, ne fut bientôt qu'un hôte.

GUTENBERG.

Vraiment !

JENSON.

Enfin, les bruits, plus fréquents et plus forts,
L'ont insensiblement mis tout à fait dehors...

GUTENBERG.

Je le reconnais bien ; intrépide à la tâche
Tant qu'il faut prendre ; mais s'il faut défendre, lâche.

C'est ce qui vient toujours nous venger d'un larron :
Chez lui, l'or est honteux et l'argent est poltron.

JENSON.

Quand une route est bonne, un souffle la balaye,
Et tout corps vigoureux ne garde pas de plaie...
Tandis que Füst ainsi de l'œuvre décampait,
Un autre scélérat qui trop nous échappait...

GUTENBERG.

Ciappei?

JENSON.

               Vers Luxembourg s'est allé faire pendre.
Contrebandier d'Église, il s'était mis à vendre
Des indulgences...

GUTENBERG.

               Lui!

JENSON.

               Mais fausses, s'il vous plaît !
Dévot, puis renégat, puis sorcier, il volait,
Redevenu dévot, notre très-sainte Mère.
On l'a, dit-on, branché par justice sommaire,
Le jour qu'il fut surpris...

GUTENBERG.

               Il a fait bien du mal.
Mon art entre ses mains fut un art déloyal.

JENSON.

Je le sais d'autant mieux que c'est l'imprimerie
Qui faisait foisonner sa dernière industrie.

GUTENBERG.

Autre tache encor !

JENSON.

Bast ! le soleil en a bien,
Et dites, quand il luit, s'il y paraît en rien !
De votre art on ne voit que les clartés qu'il donne,
Partout il monte, il plane : à Paris, la Sorbonne
Le loge ; devant lui Rome n'a pas d'écueil ;
A Florence, il est roi ; pour lui mieux faire accueil,
Venise me rappelle en disciple fervente ;
Enfin, avec l'idée agrandie et vivante,
Il s'empare du monde... et votre nom...

GUTENBERG.

                                        Mon nom ?
Pierre y mettra le sien.

                JENSON.

                Le vôtre, d'abord...

                    GUTENBERG.

                                        Non.

                JENSON.

Je le sais, et bientôt, pour suivre sa fortune,
Bientôt vous reviendrez à la maison commune,
Où l'arbre déjà fait oublier l'arbrisseau,
De l'immortel enfant embrasser le berceau.
Vous y consentirez ?...

                GUTENBERG.

                    Pourvu qu'on y consente...
Et que comme autrefois, là, tous...

                JENSON.

                                Sans une absente...

                GUTENBERG.

Vous comprenez mon cœur...

SCÈNE VII

LES MÊMES, PIERRE, CHRISTINE, ENNA, voilée, Peuple.

JENSON.

L'office est terminé...

GUTENBERG.

Mais qui donc vient en voile et le front couronné?

PIERRE.

Ne le savez-vous pas? c'est la catéchumène
Qui sort de son baptême.

Enna lève son voile.

GUTENBERG.

Enna !

CHRISTINE.

Je vous l'amène.

ENNA.

Oui, de l'homme admiré je veux être la sœur.
De la foi dès longtemps j'aspirais la douceur ;
Libre, j'ai rapproché mon âme de la tienne :
Pour te mieux consoler, Enna devient chrétienne.

CHRISTINE, *montrant le livre que Pierre tient.*

Elle a fait son serment, les yeux de pleurs noyés,
Sur ce livre...

PIERRE, *ouvrant le livre.*

Votre œuvre...

GUTENBERG.

Oh ! la tienne !...

PIERRE.

Voyez...

GUTENBERG.

Mon nom !

PIERRE.

C'était justice : acceptez-en la gloire,
Et que le monde ainsi garde votre mémoire.

GUTENBERG.

Prends-en ta part, ami, cet art est à nous deux.
Qu'il reste pur et grand, c'est tout ce que je veux.

FIN.

PARIS. — IMP. SIMON RAÇON ET COMP., RUE D'ERFURTH, 1.

www.ingramcontent.com/pod-product-compliance
Lightning Source LLC
Chambersburg PA
CBHW050003100426
42739CB00011B/2487